花まるな人生

はみ出しても、回り道しても大丈夫！

高濱正伸

GENTOSHA

花まるな人生　目次

1章『乗り越える強さ』を鍛える

2章 「学ぶ楽しさ」をすり込む

3章 『包み込む親の愛』を伝える

4章「心が満たされる体験」を積む

装幀／石間　淳
カバー画／保立葉菜
ＤＴＰ／美創
協力／井手晃子

1章

「乗り越える強さ」を鍛える

熊本の大自然は工夫する力を授けてくれた

僕が子ども時代を過ごしたのは熊本県人吉市。大小様々な山に囲まれた盆地で、熊本県内最大の一級河川球磨《くま》川が流れていました。この雄大な自然が僕達の遊び場。毎日仲間と連れだって野山を駆け回り、大きな木に登ったり球磨川の支流胸川に飛び込んで泳いだりと、ちょっと危ない遊びにワクワクしていました。

クワガタのいる木は先輩から代々伝わっていて、その木を蹴飛ばすとボタボタボタと重量感のある音を立ててクワガタが落ちてくる。蜂の巣の横を襲われないようにと、そっと通ったドキドキ感、虫や魚を捕るときの獲物を狙う感じ。今思い出しても興奮するくらいの体験が、今の僕を育ててくれたと思っています。

どの時間帯にどこに行けばこんな虫が何匹捕れる、どこの浅瀬でこんなふうにしたら魚を何匹捕れるなど、自分が発見した方法や成果を熱く語る日々。友達の賞賛する声は大きな励みとなり、次への工夫で頭の中は一杯でした。僕達にとって**大自然は大きな教育の場でもあった**のです。

夏休み明けは勉強のことなどほとんど忘れているのだけれど、脳は一回りたくましくなっている。そんな恵まれた子ども時代でした。

小学校4年生のある日、いつもつるんで遊んでいた男子4人で、女子を誘って冒険に行こうということになりました。

冒険に行く場所は山を二つ越えた先にある鉄橋。僕はレイコちゃんという子が好きで、いいところを見せようと張り切りました。きっと急な山道もあるだろうから、そんなときにはロープで引き上げてあげたらどうだろうか。「さあ、これにつかまって」と、僕がポケットから取り出すと、微笑《ほほえ》みながら手を差し出す彼女、という絵が浮かんできたのです。

そこで、何をしたかというと、自分でひもを編んだのです。当時リリアンという手芸が女の子達の間で流行っていて、あれを使って自分で編んだひもを持参したら、もっと驚くだろうと。もともと女の子達がリリアンキットを買うのを見ていて、あんなものわざわざ買わなくても構造は簡単だし、自分で作れると思っていたこともあり、糊《のり》の蓋《ふた》と釘で編み込み用の装置を作り、長いひもを編みました。
　冒険当日は、自作のひもを密かに持参して、彼女が困ったら取り出そうとドキドキしながら山を登っていました。すると、実際に彼女が登れそうもない急なところが出現。そこで先に登って、得意げに「これにつかまれよ」と差し出すと、レイコちゃんは嬉しそうにつかまって登り出しました。ところが、リリアンで編んだひもなので、ビヨーンと伸びてしまい全然使い物にならない。がっくりきている僕に、彼女は怒るどころか大笑い。その後は、完全にレイコちゃんは僕を意識してくれ、僕が何か言うたびにキャッキャキャキャッキャと笑う状態になり、ひも作戦は一応成功したのでした。

　このことを、今、教育者になって冷静に振り返ると、我ながら、なかなか見所のあるやつだったなあと思います。目的はどうであれ、**ないものを何とか身の回りの品で工夫して作ろうとし、作り上げている。**小学校4年生は色々な意味で主体的で行動的になる時期です。そのときに、こういう体験ができたことは大きなことだと思います。この子にとって、この**失敗と同時に得られたある意味での成功体験は次へのステップになる**だろうと予感させます。

さて、ここで重要なのは、漫然と物を見ているのではなくて、**ちょっと気になった物をじっくり観察して、その構造を把握し、何かに置き換えることができるか**どうかです。その能力はどうやったら身につくのでしょうか。

ＣＰＵとしての能力は、やはり自然の中で培われるのです。森の中に秘密基地を夢中で描いて創り上げたり、川でダムを造り上げたりする遊びに没頭することで伸びるものだと思います。創ろうとする意欲は、私の場合ほのかな恋心が与えてくれたのでした。

どんな算数ドリルも及ばない囲碁の魅力

僕の父は医者でした。総合病院に勤めた後、人吉で小さな医院を開業していました。昭和3年生まれの父は、多感な子ども時代を戦争という重圧の中で過ごし、父親を早くに亡くし、兄3人は父親を知っているけれど、末っ子の自分は母子家庭で育てられたようなものだったそうです。そのため、自分の中に父親像がなく、子ども達を「どう育てていいのか、分からなかった」と後年話していました。

僕にとっては、いつも気難しい印象の父でしかありませんでした。僕には2歳上の姉と2歳下の弟がいますが、末っ子の弟だけには父は優しく接し、明らかに父は自分より弟の方が可愛いのだと感じていました。父の膝《ひざ》はいつも弟の特等席で、父がたばこの煙で輪を作ると、弟が嬉しそうにその輪の中に指を入れて遊んでいる、それを横目で見ながらどうせ僕より弟の方が可愛いんでしょうよ、といじけていたのです。

まじめ一方で趣味も少なかった父ですが、唯一囲碁だけは大好きでした。年に一度、東京に出て行きプロの女流棋士と数局打つことを、何よりの楽しみにしていたくらいで、一時は医院の二階を碁会所にしていたほど。ご近所に住んでいらしたタレントの内村光良さんのお父様も常連だったそうです。

僕も父の影響で小さいときから囲碁に親しみ、数年前から花まる学習会は少年少女の全国囲碁大会である「ジュニア本因坊戦」を応援しています。第一回優勝者が当時小学3年生の井山裕太君（のちに七冠かつ国民栄誉賞を受賞）という由緒正しい大会です。

もともと**小学校の正課の授業として囲碁をやるようになれば、数理的思考力の全体平均が随分上がる**のになと考えてきたということもあり、囲碁普及には一役買いたいと思っていました。将棋も素晴らしいゲームですが、囲碁にはそれ以上の魅力があります。いくつか将棋と比較して挙げてみると、

①将棋に負けないくらい論理的思考力が鍛えられる。

②図形センスや視覚的な力も育てる。
③常に数えているので、整数センスも磨ける。
④王将を仕留めようという戦いではなく経済戦なので、経営者やリーダーに必要な能力が鍛えられる（実際、有名経営者や政治家で囲碁好きは多い）。
⑤囲碁は世界中に愛好家が多くいるので国際的である。

小学校の授業に取り入れた方がいい意味がお分かりいただけたでしょうか？

さて、僕はこうした活動を通して、多くのプロ棋士の方と触れ合うようになったのですが、その中で元名人の依田《よだ》紀基さんとは特に気が合い、一緒に飲みに行くような仲になりました。あるとき、囲碁好きの父の話をしました。その頃父は90歳で心臓の病になったのを機に旅行もできなくなり、医院も閉じて、ほぼ入院しているような毎日となってしまっていたので、
「まだ頭が何とかしっかりしているうちに、もう一度プロの方と打たせてあげたいんですよね」

と言うと、依田さんは自分が熊本に行きましょうと即答してくれたのです。

二人で飛行機とレンタカーを乗り継いで、実家に到着。この日のために病院から抜け出してきた父と対局してもらいました。

180㎝以上の長身で見上げるほどだった父は、背中も曲がり小さくなってしまいましたが、トップ棋士と打てると張り切っていたのか、瞳はここ何年も見たことのないくらい光っていて、たくましかった頃の面影が蘇《よみがえ》りました。

5つ石を置くハンデ戦ではありますが、何度も長考しながら善戦し、ついに「一目差の勝利」を収めました。もちろん元名人が上手に加減してくれたのでしょうが、勝利が確定した後の父の顔ときたら、もう少年がカブトムシを捕まえたときのようなツヤツヤしたものでした。

しばらく無言。そして抑え切れない喜びがあふれた笑顔での第一声は「まああでしたかな」。僕を育てているときには、一度も見せたことがないような無邪気な歓喜の表情でした。それから「良かったー」「こぎゃん嬉しかこつはなか」と何度も何度もつぶやいていました。

幼い頃から父とは微妙な関係だった僕は、さっさと卒業すればよいのに、小さい頃の思いは引きずるもので、それまで親孝行らしい親孝行はしたことがなかったのでした。それが、元名人のおかげで父の喜ぶ姿を見られて、少し肩の荷が下りました。ちなみに、帰りの飛行機で「お礼です」と包みを渡そうとしたら、「高濱さんの気持ちに感動して来たんだから、そんなことしないでください」と、依田さんは受け取ってくれませんでした。

囲碁を習得したことで、僕は**遊びながら潜在能力を高める**ことができ、**経営者としての視点も培う**ことができたと感じています。しかも、一流の棋士と出会え、仲良くなり、そのうえ、長年の懸案だった親孝行さえも果たすことができたのでした。

大きな未来に向かう**子ども達はもちろんのこと、趣味をこれから持つことを考えている大人の方にも、僕は断然囲碁をお勧めします。**

小5のいじめ体験が僕を強くした

全国各地での保護者を対象にした僕の講演会は、ありがたいことに年間3万人を超える参加者に聞いていただいています。特に子育てや家事、仕事にちょっと疲れたお母さん達が僕の話を聞きながら泣いて笑って「元気をもらった」と喜んでくれます。

そんな僕ですが、小学校3年生までは劣等感の塊で、家ではふざけたり、おしゃべりだったりしたのですが、学校では友達とろくに話もできない男の子でした。それがある日、次ページの図のような問題を出されて、面白い問題だなと夢中になって解いて提出しました。すると数日後のテスト返却のときに先生が、

「(6クラスある中で)できたのは高濱君だけだったよ」

とみんなの前でほめてくれたのです。これは嬉しかったですねえ。一気に自信が持てるようになり、本来の自分を表現することができるようになったのです。給食の時

問題 以下の図の中に長方形はいくつありますか。

解答 一つの法則性を見つけて解答を導き出す。
その見えない法則を見つけることができるかが鍵の問題。

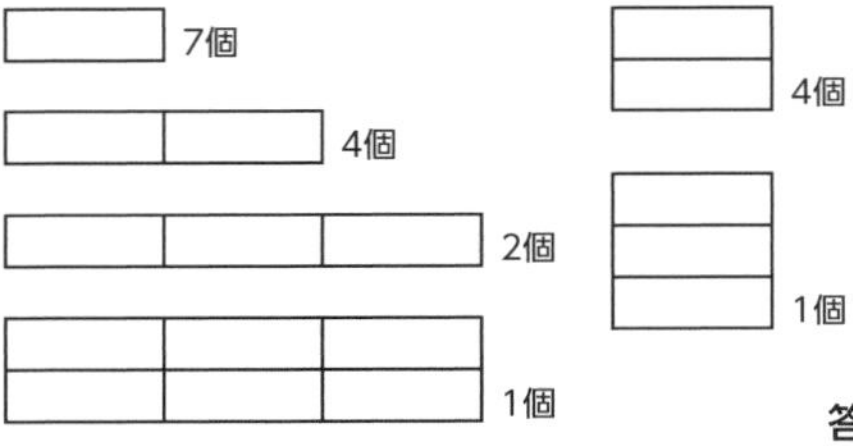

答え　19個

間を知らせる音楽に合わせて、踊って見せたり、それまでは考えられないような行動をするようになったのです。友達の評価も上がり、3年・4年は本当に楽しかった。

ところが5年生になってクラス替えがあると、今度はいじめに遭ってしまったのです。僕の頭は友達と比べると一回り大きくて、前後に大きく出ている。

そこで、ある子が、

「高濱の頭はでっかいなあ！

でこっぱちだあ！」

と言うと、みんなが面白がって、手拍子をつけながら、

「でこっぱち、でこっぱち」

と囃《はや》し立てたのです。言い出した友達はそれほどの悪意はなく、みんなもただの遊びの一環でからかっていただけなのでしょうが、当人にすると大問題です。すぐにはっきり言い返せば終わることも、うじうじしているとどんどんエスカレートし、それが毎日毎日続く。これがまさにいじめの構造で、やる側は軽い気持ちで始めたことが、やられる側はどんどん追い詰められてしまう。ふと見ると、大好きだった女の子まで笑いながら一緒に言っている。もう真剣に死のうと思いました。こんな頭では生きていけないと。今では笑い話ですが、当時は本気で落ち込んでいました。

救いだったのは母の存在でした。元気がない息子を見ておそらくは、薄々何かあると感づいていたのでしょう、こう言ったのです。

「なんかあったろう？　ああ、言わんでよかよー、よかばってんね。あんたが元気だ

ったらそれでよかとよ、お母さんは」

ただただ、たっぷりな愛情で受け止めてくれた。これには救われましたね。家に帰るとスーッと楽になったのです。**学校でいじめられ、家に帰ると癒やされる。この繰り返しで僕はだんだん強くなっていった**気がします。

しばらくそんな状態を我慢して、何とか学校に通っていると、ある日児童会の選挙があって、これもいじめの延長でクラスの代表として立候補しろと押されてしまいました。選挙演説会のときには開き直っていて、冷静に周囲を見ている自分がいる。そこで、壇上で帽子を取って、

「皆さん、私が頭のでっかい高濱正伸です。皆さんの2倍、いや、3倍の脳みそが入っています！　よろしくお願いします」

と言って頭を下げるとマイクにゴーンと当たってしまい、しまったと思ったのですが、会場は爆笑の渦。盛大な拍手が起こりました。結果は当選。これでもういじめは翌日からピタリと終わりました。笑いのネタにされたらいじめるかいがないのです。

僕は、**何かを乗り越えていかなくてはならないときに発揮する力というのは、自分の経験の中でしか得られず、乗り越えるときの間合いとか空気感は体験でこそ手に入れることができる**のだと思っています。それを僕は母の支えのおかげでつかめ、その後何があろうと乗り越えてこられたのです。

子ども時代に辛い思いをした人は成功者に多くおり、仕事でどんなに逆境に立たされても、他人が思うほど辛くなく、自分なら乗り越えることができるはずだと思っていたという話をよく聞きます。**辛い経験も乗り越えることさえできるなら貴重な経験**なのです。

全員がひいきされていると思い込んだ先生の魔法

6年のときの担任、高野先生は面白い面もある一方、とても怖い先生で有名でした。担任になって間もなく、高濱ちょっと来いと職員室に呼ばれたのです。

「おお来たか、ちょっとそこに座れ」

僕はもうガッチガチに緊張していました。すると、

「君は他の生徒とは違う。頭が良い。俺はそういうのはすぐに分かるとよ。君だったら熊高（県立熊本高等学校）から九州大学くらい行ける。学校の勉強なんて簡単だろ？」

と言うのです。そこで、ちょっと照れて、

「はい、まあ」

と答えると、

「ふざけるな！　調子に乗ってはいけない。熊高行ったら天才だらけだぞ、今の勉強で満足するな、お前は特別な力を持って生まれたんだから特別な自習をしろ！」

先生の語気に気圧《けお》されたものの、悪い気はしませんでした。それからは、俄然《がぜん》やる気になって、ノートを作り「特別な自習」を始めたのです。その自習ノートを先生のところへ持っていくと、パラパラっと見てハンコを押すだけなのですが、たまにお前こんなにやったのかと驚いてくれる。すると、益々やる気になる。小学生のドリルのようなものを片っ端から買って解いて、先生に見せる日々が続いたのでした。

しばらくすると田舎の本屋ですからすぐにもうドリルがなくなってしまって、困ったなぁと思っていると、その本屋のおばちゃんが、

「あんたやる気満々ですごいねえ、これなんかどう？」

と、分厚い問題集を勧めてくれたのです。今にして思えば、これは中学受験用の問題集で、田舎の小学生にとっては無茶苦茶難しい。それでも本人はやる気満々ですから、一生懸命に解いていき、どんどん実力をつけていったのです。解答を見ることは、先生を裏切ることになるので絶対に自分の力で考え抜いたことを覚えています。

その後、中学に入って最初の県の実力テストではトップクラスでした。これはもう、すこぶる自信になりました。あれだけ勉強したら当たり前なのですが、このおかげもあり、熊本高校にも入学することができました。

ここで言いたいのは僕をそこまでのせてくれた先生のことです。

僕は高野先生にひいきしてもらったおかげで今があるのだと、ずっと思って生きてきました。ところがこれには、後日談があって、この6年6組の同級生が埼玉県のある学校の校長になっていて、ある日僕を講演会に呼んでくれました。講演前に校長室で昔話に花が咲いていたとき、彼がこう言ったのです。

「言っちゃおうかな。何って、あのね、俺6年6組の高野先生にひいきされとったんよ」

彼は平泳ぎが速かったのですが、彼も同じように高野先生に呼び出され、

「お前の平は見たことない平だ。ものすごいレベルだぞ！　お前は特別な練習をしろ。きっとスポーツで東京に出るようになるから」

と言われたと言うのです。この先生の一言で自信をつけ、それ以来、スポーツも勉強も一生懸命するようになって今があると。

つまり高野先生は教育者の鑑《かがみ》なのです。**クラス全員、この子はここをほめようと見定め、一人ひとり呼んでほめていた**のです。こんなに厳しくて怖い先生にほめられて、認められて、自分はひょっとしてすごいんじゃないかと皆やる気になり、それぞれ伸びていったのです。

その後、その小学校からいわゆる「良い高校」へ行った生徒を調べたら、トップ組がほとんどこの6年6組の生徒でした。一人ひとりに「私えこひいきされている」と感じさせることが、グンと伸ばすポイントなのだと思います。

教師だけでなく親の対応、上司の対応でも同じです。**指導する立場の者はいかにほめるかが重要**なのです。ベタぼめでもダメ。その子、その人の本当に良いところを認めて正確に言語化してあげることが重要です。本人も薄々感じているあたりをピタリと言いあてるようにほめるのです。**自己肯定感を育む秘訣**です。

告白できた勇気、名乗り出た勇気

中学生になると勉強やスポーツも頑張っていたのですが、いわゆる思春期、恋に恋した頃で、とても綺麗な女の子を好きになりました。まだ子どもですから何をしたらいいか分からず、結局一言も話せないままに卒業を迎えてしまいました。

僕は熊本高校に合格し、実家からは通えないので人吉を出なければならないのですが、このままではきっと後悔すると、その出立する日の朝に、勇気を持って彼女の家に行ったのです。玄関に出迎えた彼女はなんで高濱君が来たのだろうという感じで戸惑っていたのですが、僕はかまわず、実は君のことがずっと好きだったと言って、ビートルズのレコードを差し出し、そのまま帰宅。その後残念ながら何の連絡もありませんでした（笑）が、あれは自信になった。彼女の家に行けた自分、**想いを伝えられた勇気は、僕を一回り大きくした**と思っています。ここでも僕は女の子によって一つ成長したのです。

中学時代はそんな淡い思い出ばかりではなく、土地柄か硬派の生徒が多く、毎日喧嘩が絶えませんでした。中には刃物を持ってくる生徒もいて、グループ同士で勢力争いをしたりしていたので、大きな喧嘩が起こると、どうしようもなく怖かった。中高生くらいだと、男は喧嘩が強いのが一番偉いですからね。

あるとき、学期の途中でクラス替えがあったのですが、僕のクラスの5組は不良ばかり集められた。こいつもこいつもこいつも、えっ同じクラス、もうやめてくれと思ったほど。ところがそんなメンバーなのに合唱祭があって、先生から、「高濱、お前がこのクラスをまとめろ」と言われて。僕はもう、無理無理無理無理無理と頭を抱えてしまいました。

それでもやるしかない。始めてみると、皆歌が好きだったようで結構上手。ピアニストもわりとうまい生徒がいたこともあり、これはいけるかもしれないと。そこでどうしたかというと、ほめたのです。

「お前うまいよ、超うま！」

とほめる作戦。これが功を奏してあのやんちゃばかりのクラスが一つにまとまりました。あんなにやる気のない不良をのせて、練習をしっかりさせて、まるで『ルーキーズ』そのものでした。

いつも怒られっぱなしのクラスだから先生達の印象も悪いし、優勝は無理だなと言っていたのだけれど、国語の先生が練習している僕達の教室の前を通ったときに、わざわざ僕達5組が一番うまいよと言ってくれたりして、自信がついてきました。

合唱祭当日は本当にうまく歌えました。いざ結果発表となったとき、「3位○組」「2位○組」、ときて、いやあ、ないない、ないよねって。でもみんなもしかしたら、もしかしたら、と期待感マックス。そこで「優勝5組！」と言われたときは、総立ちになってウワォーと叫んで、男女関係なく抱き合い、あのやんちゃ連中が号泣。僕の人生のピークはあそこだったかもしれない（笑）。今でも同窓会で集まると、あのときの話で盛り上がります。

実はその合唱祭の前に、当時は学園紛争などがあった頃で、それにかぶれたのか、技術の先生に反抗して皆でバリケードを作って先生を教室に入れないという事件を起こしたのです。その先生は特攻隊あがりで、ものすごく大きな声で、

「誰だ！　やったのは！」

と、みんなをにらみつけます。僕は立ち上がって、

「僕がやりました」

と名乗り出ました。殴られると覚悟したのですが、その行動が偉い、気に入ったと。叱られるどころか、その後はむしろ可愛がってくれました。クラスの連中もこの一件で僕に一目置いてくれていて、これも合唱祭が成功した一因かもしれません。高濱が言うならやってやろうと、クラスがまとまったのです。今思えば結果的にこれは一種の人心掌握術になっています。**勇気を出してみんなのために犠牲になるという行動は、日本人の琴線に触れる**のかもしれません。

さて、この合唱祭ではもう一つのエピソードがあります。

合唱祭当日の朝、母親が、

「今日は合唱祭ねっ」

と言うので、

「ぜったい来ないで」

と、中学生の男子丸出しで粋がって答えたのですが、いざ優勝してみんなと抱き合って喜んでいたとき、何を思ったかというと、「おふくろに見てほしかったなあ」ということでした。帰宅すると母親が、

「どぎゃんだったね？」

「別に……」

と僕はあくまでも構うなという姿勢。すると、

「おめでとう！　本当は行ったとよ、後ろの方で見とったとばい」

と言うではありませんか。

「チェッ、来んなっつっただろー」

と答えながら心は「ヤッター！」と思っていました。

このやりとりは典型的な男子中学生と母親の会話。**構ってくれるなというのも本気なのだけれど、何のために頑張っているのかというと、やっぱりどこかに母親に喜んでほしいという気持ちがある**のです。

お母さんは偉大なのです。

大人の会話を聞きながら、大人になる

名門熊本高校に合格したものの、とても実家からは通えない距離なので、叔父のところに下宿させてもらいました。当時叔父は県庁の職員だったのですが、文章も書く人でいわゆる文化人。この家が独特で、一種のサロンのようになっていて、世界的に有名な版画家や歌人、文化人などが集まる家でした。そこに多感な高校生が下宿したのですから、間違いなく大きな影響を受けました。

叔父はテレビ嫌いで、僕は野球を見たかったのだけど、あんなアメリカの品のないスポーツなんか見るなと言われてしまいました。仕方なく、音楽を聞いたり、たまに集まってくる大人達の会話を聞いていたのですが、これが面白い。**言葉のセンスが良く、知的な会話に憧れ**ました。叔父の持っている絵や版画について批評したり、時事問題を語り合ったりされていたのですが、皆さんご自分の目を持っていて、言葉に知

性を感じました。濃密な時間を一緒に過ごすことができました。

人間力のある人は、人が多く出入りする家庭で育った人、というのが僕の印象です。昔は玄関の鍵が開いていて、近所の人がお惣菜《そうざい》や頂き物のお裾分けを持って訪ねてきたり、上がり込んだりしていたものです。子ども達は大人達の会話を傍らで聞いて育った。そこから得たものは大きかったと思います。

現代はドアを閉ざしてしまって、自宅に招かない人が多い。そうでなくても核家族化しているのに、子ども達は親以外の大人を知らないで育っている。これは問題です。僕はよく言うのですが、**家庭での会話の質が子どもの将来を左右する**と。ちょっとした場面で四字熟語が出るような会話をしている家族の子どもは、良い環境に育っていると思います。夫婦の会話はもちろんですが、友人を招いての質の高い大人の会話を思春期の子ども達が聞いているという場面には、きっと子ども達の真剣な表情があることでしょう。彼らはその会話の中から多くのことを自然に学んでいけるのです。

良い学校に行くメリットはたった一つ

僕が育った人吉は本当に田舎で、それに比べ熊本市内は僕にとってはもう大都会。そこに単身飛び込んでいくのですから、熊本高校入学当初は緊張していました。しかも県内でも優秀な生徒が集まっている。自分の実力がどの位置にあるのかも不安でした。始まってみると案外みんな普通で、むしろ成績は僕の方が良い。最初の頃は学年で上位に入っていました。

数学の授業なども優秀な生徒が多いので、本当に面白かった。教科書に沿って教えるというよりも、今で言うアクティブラーニング主体というか、生徒達各人が与えられた問題の解答を黒板に書いて、みんなに説明する形でした。こういうことが体験できるのも良い学校に入れたからだと実感しました。何より、みんなそれなりに優秀なので、毎日の会話が楽しい。

卒業後も時々集まるのですが、弁護士や医者、大手企業でそれなりの地位に就いているものも多くいます。僕のところの顧問弁護士はこのときの同級生に頼んでいますが、全幅の信頼を置いています。10代から知っていて、あれだけたくさんの話をした相手ですから、何があっても彼に任せれば大丈夫だという安心感は絶大です。

今は中学受験が当たり前のようになってきましたが、良い学校に入る価値は何かというと、こういうことなのではないかと思うのです。**一番多くのことを吸収する中高生のときに、上質な会話に囲まれて過ごし、知的な刺激を受け、その後も優秀な人達と深い縁を持って生きていける。**これは人生にとって大きな価値のあることです。

高校時代は野球部に所属しました。進学校とはいえ県でベスト8まで行くチームでしたから、練習が本当に厳しく、時々本当に倒れたりしながらも歯を食いしばり、耐えて耐えて、耐え抜きました。この経験はとてつもなく大きい。その後肉体的に大変な局面があっても、そのときに鍛えた身体が持ちこたえてくれるし、あのとき耐え切れたという自信が精神面でも支えになっています。

何より、1学年上の先輩が良かった。僕は先輩達の名前を教科書に落書きするほど、先輩に憧れを抱いていました。

教育者になってから考えてみると、この**憧れの先輩がいるという状態は、思春期の子どもにとって恵まれた状況**だと思えるのです。親ではない誰かが引き上げてくれる状態です。1年先輩なだけで、自分よりも断然うまい。**無条件で尊敬でき目指す目標になる人がすぐそばにいる。この存在は大きい。**

運動部に限らず、吹奏楽部や科学部でも年の近い先輩がその経験を後輩に伝えています。日本の学校教育におけるクラブ活動の意味はそこにあると思います。

彼女一人と出会ってヒューマンスキルが倍増

御茶ノ水駅前に、「お茶の水教育カレッジ」という場を創設しました。コンセプトは「大人の教育学部」。子育てを学びたい親、保護者対応などを含めた現場実学を学びたい先生方、経営や語学や心理など第二の学びを得たい大学生・社会人など、様々な学びの要求に応えられることを目指しています。

国がリカレント教育と称して、社会人の学び直しを後押ししている時代でもあり、こうした試みを僕達がするということは意味のあることだと考えています。ちなみに、このために会社を作ったのですが、社長はまだ大学4年生の若者にお願いしました。高い志とバランスの良い人柄を感じての抜擢。「教育」というテーマさえ盛り込まれていれば、どなたでも使える場として、徐々に認知度が上がってきています。

その「お茶の水教育カレッジ」でいつかは講義してほしい実力派の経営者がいます。ある企画で彼と対談していたときに、面白い話題になりました。彼曰く、ヒューマンスキルを伸ばす方法として強力なものは3つあると思う、と。その第一に示したのが**「恋愛経験」**（それも単にモテるのではなく、振られること込み）でした。ちなみに他の二つは、「チームスポーツ」と「B to B（対個人ではなく対企業）の大きな金額の営業経験」なのですが、百戦錬磨で実業の世界の裏も表も知り尽くした方が、多くの会社と会社員を見てきた結論として、最初に「恋愛」を持ち出してきたことは、興味深いことでした。

何事も、テキトーな集中や行動では、人は成長できません。熱中して必死な状況での挫折や困難とそれを乗り越えた経験によって、器が広がります。**人と人の関係において、恋ほど切実なものはありません。**「一緒になれないなら死ぬしかない」というくらい、心を預け夢中になる。そこでは、求め合う一方で、だからこそ激しくぶつかり合いもし、思い通りに分かってもらえない相手の心を真剣に想像します。小学生のように「女子ってバカだよね」「男子ってガキだよね」と、つるんで言い放って自分達のアイデンティティを確認するというような、浅い世界認識とはかけ離れた、言わば心の一人旅をしてのたうち回り、道に迷いながら相手の気持ちを探らねばなりません。

僕も、思い返せば、高校でお付き合いした彼女のおかげで、ヒューマンスキルは、10級から初段くらいまで引き上げられた実感があります。僕の場合は、精神年齢が20歳くらい上の先生から個別家庭教師の授業を受けたような印象でもありますが、人生について教えられ、女性の感性を叩き込まれました。

彼女はすごい人で、イケメンで人気のある数名の男子については、「まあ、観賞用だよね」と関心を示さなかったり、全校生徒500人くらいいる中で、「A君とB君と高濱君かな、面白いのは」と挙げた3人が、のちにマスコミに登場する人になったりして、今思うと彼女の男を見る目は確かでした。

嫉妬深くすぐ拗《す》ねる僕をなだめ、理屈っぽく自分中心に生きている僕に、何度も何度も「それは違う。女の子は違うよ」と教え続けてくれました。

幼い頃は、背が低く頭がうすら大きく鼻はぺしゃんこで、アトピーだったのかいつも掻《か》きあとで真っ赤な皮膚をして、外見という外見にコンプレックスがあったし、3月生まれもあって運動で遅れを取っていたし、父の膝は100％弟に取られ「父親は弟の方が絶対可愛いんだ」と思い込んで育ったせいでしょう。自分は身体が弱くて醜く魅力に欠ける人間だと思って生きていました。しかし、彼女一人と出会ったおかげで、世界はバラ色になり「俺もモテるのかも」と信じられるようになりました。背も遅ればせながら伸び、高校3年間野球をやって体力もついてきたところで、**彼女と出会い、対人、特に異性に対して大きく自信がついた**のです。

音楽三昧、映画三昧。「はまる」と自信が生まれる

一番幼い頃の記憶は何かと言われたら、僕は2歳くらいのときに赤ん坊であった弟が寝ているハンモックをゆらしながら子守歌を歌っていたというもの。歌を歌いながら子どもの世話をする、まさに今の自分の原点を見るようです。僕の母は毎日のようにクラシックレコードをかけていて、音楽が生活の中にある家でしたので、歌はよく歌っていました。

中学2年生のときにはギターを弾き始め、同級生とバンドを組み、ギターとボーカルを担当しました。3年生を送る会では『出発《たびだち》の歌』（小室等作曲）をみんなの前で歌い、喝采を浴びたのを思い出します。その後、バンドのメンバーと校内を歩いていると、「あの4人だよ」と言われたりして女の子達が我々を憧れのまなざしで見てく

る。これはもう気持ちいいなんてもんじゃない。一度でもいいので、周りからキャーキャー言われる体験をしたことがある人とない人とでは、自信の持ち方が違ってくるのではないでしょうか。

それからは音楽はいつも友でした。高校生になるとチューリップやオフコースやビートルズをよく聴いていましたが、20歳のときジョン・レノンがソロになった時代の楽曲に心を奪われ、大きな大きな影響を受けました。英語が得意になったのも、ビートルズの歌詞を必死になって覚えたり訳したりしたことが大きく影響していると思っています。

こうして、一番高い感動を覚えると、今度は、それ以外のジャンルの頂点を見極めたくなりました。大学に入ると、映画三昧、落語三昧が始まります。一つを極めると、また次の頂に登りたくなる。そうこうして、幾つもの山を制覇すると「心の引きだしの宝もの」が増えていきます。長じて色々な業界で成功した方や著名人に出会ってお話ししても、気後れすることなく話を合わすことができました。**青春時代に徹底的に**

はまる経験。これは成長の過程で大事な体験だと思っています。

ここでもう一つ、音楽教育ということについて書いてみたいと思います。

現在日本で行われている子ども向けの民間の音楽教育は、戦後にピアノを売るために始まったピアノ教室が始まりで、単にピアノを弾けるようになるためだけの教育です。少し上手だとピアニストを目指して音楽大学に行き、結局は就職もままならない人生となってしまうのはなんとも残念ですが、よく聞く話です。

ヨーロッパでは楽器を奏でるのは当たり前なのか、町中でアンサンブルを楽しむ人をよく見かけます。こんなふうに、楽器が生活の一部になるような親しみ方をしたいものです。

また、**小さい頃から楽器に親しむというのは、確実に地頭の良さに通じます**。数学者でピアノを弾きこなす人を何人も知っていますし、彼らは手先が器用です。

僕はよく言うのですが、**頭の良さには「見える力」と「詰める力」の二つが大きく**

関係していると。

アイデアがひらめくことや、本質が見えてくるというのは、この「見える力」があるからなのです。相手の言いたいことや目の前の問題の要点など、こうした**本来見えないものがクリアに見えるのが頭の良さで、これが見えるか見えないかで、決定的な差がつきます**。同じ話を聞いても要点をつかめる人とつかめない人の差はこの「見える力」があるかないかなのです。

もう一つ大切なのが「詰める力」です。「見える力」で問題の要点が見えたら最後までやり切るということです。これはまったく違うカードが必要で、**最後まで論理的に、詰めて詰めてやり切れる力**のことです。

「詰める力」とは、言ってみれば長距離選手並みの脚力があるかどうか、1500m競争で頑張り抜く感じとでも言いましょうか。諦めないし、分からないまま終わりたくないと頑張る力です。そういう意味で楽器の習得はその力をつけてくれます。楽器演奏で半音ずれたら台無しです。それはもうすごい集中力で演奏しますし、何よりそのこと自体が楽しい。アンサンブルができるようになれば、仲間と合わせるというスキルも磨ける。**社会的な力を伸ばすこともでき、その教育的効果は計り知れません。**

羽目を外す経験の先に、花まるな人生がある

僕は大学受験では3浪しています。でも、この3浪には訳があるのです。高校時代は野球に夢中になり勉強は二の次だったので、当然のように浪人生活に突入しました。学校という枠から解放されたとたん、熊本で有名な予備校には在籍していたのですが、パチンコや雀荘に通い、同じ下宿のやつと裸で町を走り回るようなバカな遊びをしながら、親の金で放蕩《ほうとう》していました。

どんなことをしていたかというと、男子というのはとかくギリギリが楽しい。どこまでやれるか試したくなるものなのです。

たとえばある日のこと、ふと近所の橋のアーチの部分に上りたいなと思いつき、上ってみるとこれが結構揺れる。「おっ、アップねえ！」などと言いながら、スリルを

楽しんでいるうちに、頂上まで上ってしまいました。横になってのんびりしていると しばらくして、

「おじさん、おじさん、そこを動かないで、今警察が来るから」

と下の方で声がする。僕はおじさんじゃないよと思いながら見下ろすと、すでに警察が来ていて、

「君々、落ち着いて、ゆっくり降りてきなさい」

と言ってくる。自殺するのではと思われたのです。結局こっぴどく叱られました。何してたんだと言うので、浪人中で頭冷やすのにいいかなと思って、と適当なことを言ったのですが、それが翌日新聞に載ってしまった。なんと『変わった頭の冷やし方』という記事。

こういうとき、優秀でも常識にしばられた人生を歩んできた人はそんなことはしないでしょう。しかし、**頭が良いだけだと突破できないことも世の中にはたくさんあるのです。思いついたら、平気でやれる、その行動力があるからこそ、経験でき、人間力になる**と僕は思っています。

あるときは、パチンコ屋で喧嘩もしました。これは相手が悪かった。喧嘩慣れしていて、しかも元プロボクサーで前科もあった。下手したら死んでもおかしくなかったくらいで、大怪我をして下宿に帰ると、仲間が仕返しに行くぞと騒ぎ始め、それを何とか止めてと、青春映画さながらです。

これは警察沙汰になったので、親戚のおじさんがすぐに下宿に駆けつけてくれました。このおじさんは話の分かる人で、

「ははは、武勇伝だね、オッケーオッケー」

と言って叱りもしなかったのですが、僕は後日改めて家庭裁判所に出頭させられました。このときは母親が人吉から呼び出され、一緒に行くことになったのですが、そこではじめて勉強せず放蕩をしていたことが分かってしまったのです。

「あんたまあ、よくもまあ2年も親をだましていたねえ」

とあきれていました。親は僕が必死で勉強していると思っていたのです。

家庭裁判所のお役人は、

「このような子どもは、幼児期に問題があることが多く……」

と淡々と文章を読むように事務的に伝える人で、まじめではあるのだろうけれどつまらないやつだなあと僕は思って聴いていました。

すると、帰り際に母親が僕に一言、

「あげんおとなになっちゃいかんばい」

と。この親にしてこの子ありです。

しかし、さすがに僕も改心し、3浪の1年間は必死で勉強に打ち込み、翌年には東大に合格しました。

順風満帆で生きてきた人は「二重まる」な人生なのかもしれませんが、「花まる」な人生は別にあると思っています。**遠回りしてきましたが、これがあるからこそ、今の「花まる」な人生が開けた**と思っているのです。

今日は昨日より面白いことをする

大学の1年目は「芸術時代」と呼んでいます。

僕の下宿にはいつも誰かしら来ていて、いつ頃からか「高田馬場クリエイティブクラブ」と称して、「今日は昨日より面白いことをする」をモットーに遊び心満載の毎日を送っていました。昨日と同じことをしたらもうダメ。何でもいいから新しいことを考えて、それをみんなで実行する。本当に色々なやつが勝手に集まってきていて、東大生だけでなく、シンセサイザー奏者など音楽に詳しいやつや、芸大生もいた。

誰かが新しい友達を連れてくると、おお来た来た、と言って、みんなの真ん中に座らせ、一斉にそいつの絵を描き始める。初めて来た人は戸惑って「ええ、なになに」と取り囲んだ僕らを見回すのだけれど、「ああ、ダメダメ動かないで」と、真剣に絵を描く、これがもてなし。こっちはそいつが戸惑うのを見ているのが面白い。

誰かが「これからは写真じゃね？」と言うと、全員が写真にはまる。「絵じゃね？」と言うと絵画鑑賞にはまる。映画だと言うと映画というふうに、全員で何かに熱中したのです。

例えば、ある映画館で10本立て興行という企画があって、これに行き、全部観たうえで、真剣にその10本の映画の感想文を書くということをしました。10本の感想文を書くのは容易ではなく、遊びなのだけれど真剣に遊んだのです。

こうした中で、**ある程度まで見切った中でこそ、自分なりの価値基準ができる**ということが、体験として分かったのです。

あるとき、その頃の仲間に、

「俺はさあ、絵が苦手なんだよね」

と僕が言うと、

「絵が苦手？　意味分かんない。これが日本の教育の失敗だな。はい、ここに日本の教育の失敗の良い例がいまあす！」

と、みんなの前でからかわれる。

「絵なんか描きゃいいんだよ。上手とか下手とかないし。ましてや苦手ってなんだよ。誰だって絵は描ける。絵を鑑賞するということでも、自分ではこうだと思っても、他人はまったく違うし。苦手なんて言う前に、画廊や美術館に行って、観て観て観まくったらいい、必ずお前の見方ができるから」

と言ってくれたのです。そこで毎日のように、銀座の画廊や美術館に通い、観まくる日々。すると、数カ月後大学の生協に行くと、ドイツの芸術家のクルト・シュヴィッタースという人のコラージュが絵カードみたいな形で販売されていて、それを観たとき、絵が分かる自分がそこにいたのです。絵が分かるってこういうことかと。そこからはピカソの絵がなぜ良いかを自信を持って言い切れる自分になりました。

これが目ができたということなのでしょう。音楽でもそうで、**ある一定以上を聴きまくると、自分の中に枠組みができる。**若いうちにそういった経験をすることが、**人間の幅を形成する**のだと思うのです。そういう意味でも、僕は人よりは遠回りしましたが、こうした時間をたっぷり持てたことが今の財産になっていると思っています。

学生時代に徹底して「はまる」経験をぜひしてほしいと思います。

もう一つ、この時期にはまったことで印象に残っているのは、哲学。24歳のまる一年間、牛乳配達をして生活のリズムをとりながら、午前中はひたすら一人で「生きるって何だ、家族って何だ、仕事って何だ……」と考え抜く。そして、午後になると友達が来てお互いの意見をぶつけ合う。そしてまたそれを元に考える。**本を読むことも大切ですが、自分で考え、自分なりの結論を出すことはもっと大事**だと思うのです。

あの頃、僕達はほとんど一生分の思索をしたと言ってもいいでしょう。世の中はバブルまっただ中で、世間が浮かれているときに、僕達は哲学をしていた。

あの1年で、その後の価値観、生きていくうえでは何が大切で何をなすべきか、**人生の枠組みとも言える物が確実にできた**のです。そうすると、将来に対して何も怖くない。**どんな時代でも俺達は大丈夫。生きていけるという芯のような物ができた**のです。

若い人達には、まだ柔軟性のあるときに、一度就職して世の中の理不尽なことを味わった後でもいいので、そこで**一度つきつめて物事を考える**ことをお勧めします。

3浪4留、回り道したことで天職に巡り合った

大学時代は学校での勉強はもちろんそれなりにはしていたのですが、遊びや音楽に明け暮れていたので、気づいたら留年していました。

その間、文句も言わずに親は学費と生活費を出し続けてくれていました。今思うと、振り込め詐欺に近いのではないでしょうか。遊んでばかりいて留年したくせに、

「いやあ、東大の授業は難しかとたい」

と言ってごまかしていたのです。親からしたらとんでもないことです。母親もさすがに3留めには気づき始めて、

「あんた、完全にだましよるど？　おかしか、あまりにおかしか」

当たり前ですが、それからは仕送りをしてくれなくなりました。

そこで、バイトを始めました。それまでも、何事も経験になるからと、いくつかのバイトはしていました。居酒屋の厨房で皿洗いをしたり、工事現場で肉体労働をしたりもしました。

しかし、本気で生活費を稼がなくてはならなくなったので、塾で教えるというアルバイトを始めました。ところが始めてみると、それが面白いくらい自分に合っているのを発見したのです。最初は小中学生を教えていたのですが、たちまち人気者の先生になってしまったのです。

それもそのはず、今思っても、とても良い授業をやっていました。毎日一生懸命考えて、クリエイティブな問題を作り、どうやったら子ども達が覚えられるだろう、よく理解するだろうと考えて、それまで誰も思いつかないようなことをやっていた。これはもうアルバイトの域を超えていたと思います。

実はこの教育産業という世界は実力主義なのです。昨日来た若手の方が教えるのがうまいことはよくあります。アルバイトで来た学生もどれだけ自分で工夫して教えられるかで価値が決まるのです。

僕はそれまで小さい子に教えるという経験はなかったのですが、何にでも興味を示し、好奇心旺盛で、いわゆる少年の心を持ち続けていたせいか、子ども達の気持ちがとてもよく分かり、しかもどの子も可愛い。本当に心底可愛いと思えたのです。その子達が眉間に皺を寄せて問題を前に困っていたら、何とか分かるように教えてあげたくなって当然です。彼らが理解して笑顔になると、僕の方が嬉しくなる。まさに、これは天職だったのです。

そのときには気づいていなかったのですが、**回り道したことで、僕は天職に巡り合ったのです**。どこに何が待ち受けているか、本当に分からないものです。

不登校の子もみるみる成績が上がった

塾で小学生を教えることで、自信を持った僕は、もう少し割の良いアルバイトをと、家庭教師をしました。家庭教師の派遣会社に登録すると、留年していて他の学生よりはしっかりして見えたのか、担当したのは不登校の子を教えるという難しい仕事でした。しかし、そこで何人か教えてみると、その子達がどんどん伸びるし、成績が良くなる。**エネルギーのあるお兄さんが目の前に登場すると、子どもは変わる**のです。

何しろ3浪してもなんとか大学に入り、明るく生き生きしていてたくさん笑わせてくれる僕は、学校に行けていない子にとったら、まさに憧れのお兄さんです。不登校で自信をなくしていた子がみるみる変わっていく。それを見ていると、もしかしたらこの仕事は自分に向いているのではないかとじわじわと感じてきました。その頃、引きこもりが社会問題になっていたこともあり、偏見は持たずに興味を持っていたのも良かったのでしょう、大きな成果をあげることができました。すると、もっと色々な子どもを教えてみたいなと思い始めたのです。次は予備校で大学の受験生を教えました。

予備校では英語と数学をそれぞれ別の予備校で教えました。大学受験ともなると、良い授業をして効果的に教えるにはそれなりに準備が必要で、これが本当に大変だった。生徒達のどんな質問にも答えるための準備をしなくてはなりません。完璧に教えるのには並の準備では足りませんでした。図らずもここで、教える仕事を続ける底力をつけることができました。

高校生相手に奮闘していたとき、息抜きのつもりで一週間ほど幼稚園のお泊まり保育のサポートをしました。1クラス30人ぐらいに、幼稚園の先生以外にサポートのお兄さんが一人付くシステム。僕は「まんまん」というニックネームを頂戴し、アルバイトがスタートしました。

これはキンダーという会社の事業で、色々な幼稚園から年長さんがやってきて、昼の12時に受け入れて、まず一緒に昼ご飯を食べ、その後日中いっぱい活動し、最後にキャンプファイアをして、お泊まりし、翌朝、朝の活動をして帰っていくという、サマーキャンプのようなものでした。毎日違う幼稚園の園児が先生に連れられてきて、僕達とまる一日を過ごしました。

子ども達の中に入っていくと、僕はたちまち人気者になりました。普段から身体は鍛えていたので、体力には自信があり、疲れを知らない子ども達のパワーに負けずに休みなく動き回れましたし、何より、この子達が僕は可愛くて可愛くて、僕にとっては天国のような空間でした。毎日が感動の連続で、何だこのバラ色の幸せはと思っていました。そんな思いが通じたのでしょう、子ども達がなついてきて、僕の周りはいつも子ども達の笑顔で一杯でした。

他のアルバイトの大学生には、あの人はなんなんだと言われたほど。子ども達の受けが他の学生アルバイトとは段違いだったのです。そのことにも我ながら驚いたのですが、子どもと接するには、こっちが正解だなというものをつかんでいた自分がいました。そこで、いつかこれをオリジナルのサマースクールでやりたいなと強烈に思ったのです。今でも、サマースクールの場にいたいから、僕は塾や他のこともやっているると言っても過言ではないのです。

あるとき、川口ふたば幼稚園というところが、参加して来ました。このお泊まり保育は、子ども達が寝た後、スタッフと参加した幼稚園の先生方との語りの場というものがあり、その夜も先生方と今日一日の話をしていると、川口ふたば幼稚園の園長（当時）新藤たか子先生が「あなた面白いわね」と声をかけてきたのです。新藤先生は、とても気さくな方で、話しやすく、僕はここで経験したことで抱いた問題意識を話したのです。それは、**今の世の中、メシが食えない人間がいっぱいいるけど、幼児期の教育から変えた方がいいのではないか**と。すると先生が、

「あなたやんなさいよ。予備校で小銭稼いで嬉しいの？　今時珍しいほど気骨があるんだから、あなたにはもっとできることがあるわよ」

とおっしゃったのです。

実はこの方のお父さんは硫黄《いおう》島の英雄、あの栗林中将でした。映画『硫黄島からの

手紙』で渡辺謙が演じましたが、その忘れ形見の娘さんだったのです。当時はそんなすごい方とは知らなくて、この出会いの後、ありがたいことにご自宅にまで招いてくださり、そこで、お父様の手紙などを見せてくださって知った次第。新藤先生のお話を聞くうちに、お父様は色々な思いを持って亡くなった方なのだと思いました。

人間だからいつかは死ぬけれど、皆、次の世代を思って死んでいったのだと新藤先生は話してくださいました。今後戦争を起こさないためにも、**若者が次世代を担っていくためにも、教育は大切**なのだと熱く語ってくださったのです。その後、この先生の幼稚園で始まったのが、今の花まる学習会の前身なのです。

この園長の息子さんが当時副園長で、しかも若くして市会議員になったばかりでした。僕もなりたての経営者で、3人でよく色々な話をしました。その息子さんが20年後に総務大臣になり、なんと僕は総務省の審議委員になったのです。僕達の縁がそこでまたつながった。これはもう、栗林中将のエネルギーみたいなものをもらったような気がしています。お前ら日本の若者のために力を尽くせと。あのくらいの方ですから、我々の背中を押す大きなパワーが残っていたのではないかと今でも思っています。

輝いている大人でないと、子どもは伸ばせない

偶然出会った新藤先生のご助力で、塾をスタートした僕ですが、実はその出会いの直前に、決定的な失恋をしたのです。それまでは、こう言ってはなんですが、振ることはあっても振られたことはなく、それが生まれて初めて振られたのです。

なぜ振られたかというと、彼女はいいとこのお嬢さんで、僕はまだ何も成し遂げていないただの男。心の中には熱い物があって、いつか必ず成功してみせるという確信はありましたが、その時点では実現できていませんでした。彼女はとても美しい人で家柄が良いこともあって、ご両親の強い勧めで釣り合う人と結婚してしまったのです。僕はもうものすごいショックでした。それなりに自分に自信があったこともあって、この俺を振るのかと。なんだか東京からつまはじきにされたようで、もう東京にはいられないとさえ思ったのです。

少し冷静になって、客観的にこのことを見ると、彼女やご両親が選んだ人と当時の僕との間には、とても大きな開きがあった。それを目の前に突きつけられた訳で、ああ自分は何にも分かっていなかったなと。**社会的に認められるということ**はこういうことなのだと知ったのです。

そこで、家庭教師のアルバイトで満足していないで、ちゃんと就職しようと決心し、まずは新聞広告で探し、ある塾の正社員に応募しました。その最終面接のときに、自分をアピールするつもりで、今の花まる学習会の原案みたいな企画書を持って行きました。こんなことをおやりになってはいかがでしょうかと。言ってみれば、手土産のつもりだったのです。すると、そこの社長が、君がうちに入社して社長になってやればいいと。就職イコール起業という発想には本当に驚きました。

そんな話もあったところに新藤先生と知り合い、これは運命とばかりに、川口ふたば幼稚園の教室を借り、この会社の社長からアドバイスや支援を受けて、花まる学習会をスタートさせることができたのです。

ここまで紆余曲折《うよきょくせつ》はあったものの、**自分なりに考え、行動してきたことが自分を作り、こうした人達と出会うことができ、関心を持ってもらえ、今の道に繋がっていると思うと、すべてが無駄でなかった**と、思えてなりません。

立ち上げたのは33歳、もうすぐ34歳になるところでした。

あるデータによると、**33歳か34歳で起業した人が成功率が一番高い**そうです。あまりにも若いうちに起業した人は若すぎて軽く見られたり、経験総量がないから強みがない。逆に40歳を過ぎてからだと体力がもたない。起業したばかりの頃は朝から晩までずっと仕事をしていなくてはならないのだけれど、それがもたない。僕はその意味でもたまたまいい時期だったのでしょう。

最初は生徒数20人からのスタートでした。この人数も園長がかなり手回しして声かけしてくれ、ようやく集まった子ども達で、何とかスタートできたというのが実感でした。しかし、お母さん達の評判は良く、そこから300人くらいまではあっという間に増えていきました。

ところが、3年ほどで一度その勢いが止まってしまいました。なぜかというと教室が増えたことで、僕が行けない教室ができてしまったのです。アルバイトの講師の指導はしていたつもりだったのですが、僕が行かない教室は生徒が減っていってしまいました。そこで高濱以外の人が教えるときにどうするかが大きな問題となりました。

それからは試行錯誤を繰り返し、**人を育てるということを真剣に考え始めました**。子ども達を教える先生と言われる人は、どこに出しても恥ずかしくない人、見せかけでごまかすのではなくて、誰からも認められる人を育てなければならない。

このときはすでに7年目になっていて、運営する正社員が私を含めて5人になっていました。この5人を僕は伝説の社員と言っているのですが、これがもうすごかった。

どうやったら塾で教える講師を立派に育てることができるのか、その仕組み、方法を考えたのです。うわべだけ整った講師を作るのではなくて、本当に教えるということを理解して自分で工夫できる講師をどうやったら育てられるか。毎日毎日この5人で議論をしました。当時の社員達は僕に対しても対等で、中には始終ため口になる社員もいました。そして徹底的に議論をしました。あのときに今の基盤となる組織や仕組みができたのです。

講師を育てるのになぜそんなに苦労したのかというと、みんな子どもが好きだと言って入ってくるのですが、子どもの教育という現場に向くか向かないかは面接で判断するのはとても難しいのです。直接の相手は子どもですが、その後ろにはお母さんがいて、そちらにもしっかり対応できないといけない。

例えば、子どもと楽しく接することはできても、地味な仕事である日報を書くとか、親にコメントを書くなどという仕事になると嫌がるし、いい加減に済まそうとする。そこで我々が注目したのが言葉です。一つの授業から何を感じ何を考えたか、一本の親御さんからの電話で何を感じ何を考えたか。これを書かせたのです。よく考えずにありきたりな言葉で流すように書いた文章には、容赦ない叱責が飛ぶ。そうやって毎日文章を書かせたのです。それを仲間の前で発表させるなどして、徹底的にしごいたのです。これは大きな効果を発揮しました。

こうして、講師を育てることができるようになると、お母さん達からの信頼も回復し、それからは順調に事業が成長していきました。

もちろん会社が順調に大きくなっていくことは嬉しいのですが、それよりも、子ども達の笑顔が増えること、子育てに大変な思いをしているお母さん達の笑顔が増えることが何より大切だと思っています。そして、結果的に自分でメシが食える大人が増えていくことが僕の目標です。**塾に来る子ども達だけでなく、うちで働く講師達には、頭でっかちな二重まるな人生ではなく、自分自身も楽しめる、花まるな人生を目指していってほしい**と心から願っています。

「輝いている大人が子どもを伸ばす」とは僕が師と仰ぐ上里龍生先生の言葉ですが、僕は伸びている人が好きです。大人が伸びていると子どもも伸びる。できあがっているということは、もう止まっていることだから、案外面白くない。**伸びている人は一生懸命で生き生きして楽しそうで、そういう大人を子どもはいいな！ と直感する**のだと思うのです。

障がいのある息子は僕に無限の力をくれた

出会った人達すべてが僕の人生に大きく影響しているのですが、結婚相手も当時出会ったある幼稚園の先生のご紹介でした。ある日、会わせたい娘がいるから家に遊びにいらっしゃいとおっしゃるので、これはお見合いだなと察しました。当時は結婚する気などなかったのですが、お世話になっているので断るのもまずい、お会いしてから僕には過ぎる方ですと言ってお断りすればいいかとあるレストランに行きました。そこで出会ったのが今の妻です。

彼女も義理でその席に来たのですが、僕と話してみて、生き抜く力とでも言うのでしょうか、強いパワーを感じて、この人なら自分の人生をかけてもいいと思ったそうです。

僕はと言えば、気づいたら捕まってしまったという印象だったのですが、今思うと、本当に良い人と結婚したと思っています。

彼女は**僕に足りないものをたくさん持っている人**でした。しかも、観察眼が鋭く、人を見抜く力を持ち合わせている。僕に的確な意見を言い、次の一歩を踏み出す勇気もくれました。私があなたを育てたと言っているほどです。確かに、妻がいたからこそ、僕はここまでやってこられたのだと痛感しています。

もう一つ、僕の背中を押し続けているのは息子の存在です。

彼は脳性麻痺《まひ》という障がいを抱えて生まれてきました。知的にも肢体にも重度の障がいがあり、一人では生きていけません。しかし、僕達夫婦は息子によって育てられました。それまでは障がいのある人を見てもかわいそうだなと思いはするけれど、彼らの生きている意味を理解できない自分がいました。息子が生まれたばかりの頃は、この子の生きていく意味は何なのだろうと真剣に悩みもしました。しかし、自分の子どもは無条件で可愛い。

息子が生まれて10年ほど経ってから、僕はようやく気づきました。

これまでどちらかというと人生楽しいことが最優先と思って生きてきて、すぐに脇道にそれたりサボったりする僕が、この10年は真剣に仕事に取り組んでいたのです。

障がいのある子は、親が持っている以上の力を発揮させてくれ、周りにいる人に力を与えてくれるのです。ただそこに存在してくれるだけで、何というか心を素直な状態にしてくれ、もうひと頑張りしようと感じさせてくれるのです。

それこそが、障がいのある人達の、社会への影響力であると僕は思います。

落ち着かない子どもには、身体に触れながら語りかける

花まるを始めて27年。少なくとも自分の教室では、どんな子が来ても絶対に受け入れようと決めて、それを守り通してきたのですが、あるとき、初めて少しだけグラついたことがありました。

4月に入会した1年生のR君が、多動やADHD（注意欠陥多動性障害）と言われている子達の中でも、見たことのない激しさの子だったからです。ちょっと席にいればいい方で、たいていあちこちグルグル歩き回り、教室を飛び出して消えてしまう。

「あれ？　あの遊具に今日は乗っていないぞ。先週の注意が効いているな」と期待を抱く。ところがその期待は、翌週には裏切られる。「あれ？　人の靴を隠してはいけないと指導したことを、もうやらなくなったぞ」と今度こそ期待する。そして翌週裏

切られる、というような一進一退はありつつも、結局ほぼお手上げのまま一学期が過ぎました。

こういう場合、僕達が**どのような心構えでいるかというと、一つは、「いじめられて自信を失う」という二次被害だけは避けること**です。この点は、幼稚園教室の良いところで、小さい頃からみんな一緒なので、彼の落ち着きのなさや、時々ヒーローになりきって人を叩《たた》いたり蹴ったりしてしまう問題点についても、みんな大らかに見守っていて、それぞれ自分の勉強に集中していました。

二つ目は、**長ーい目で見るということです。怒鳴ったりして急な変化を求めても無理**なことが多く、5・6年生くらい、最悪でも中学生まで待てば、たいてい落ち着いてくるし、座っていられるようになります。過去にも困らせられた子は数多くいました。すぐに思い出すのは、軽くはない自閉症で、サマースクールのサービスエリアで行方不明になってしまった子（結局バスの最後部座席の陰に隠れていました）。彼は、詩と絵という得意分野を見つけるとどんどん伸びて、今では社会に出てしっかり働いています。他にも落ち着きのない子など、それはそれは綺羅星《きらほし》のごとく大物揃《ぞろ》いでした。しかし、結局は**長い目で見ることとお母さんの不安を受け止め続けることで、何とかなってきた**のです。そんな経験量もあり、基本「解けそうもない問題」にぶつかっていくのが好きな僕ですが、今回だけはお断りするしかないかもしれないと、少しだけ弱気が心をかすめていたのでした。

ところが二学期になって、思わぬ展開が待っていました。

一つは、R君に親友ができたことです。2年生のM君。彼は彼で、極めてチャーミングな子なのですが、学習のことでお母さんを悩ませていました。ただ、どういうわけかR君との相性がすこぶる良かったようで、授業終了後にはべったりとくっついて一緒に遊ぶようになったのです。

ある日、事情があってM君はお休みという日がありました。R君は彼を探し回り、いないことを知ると、がっくりと肩を落としていました。ところがM君のお母さんが手紙を届けてくれたのです。そこには、鉛筆書き、筆圧の強い字で、こう書いてありました。「R、やすんですまねえな。まえみたいに、ほかほかのにくまん、いっしょにつぎのひもくえるといいな。Mより」

なんという心のこもった手紙でしょうか。おまけに、多分M君としては最高の気づかいの象徴でしょう、犬だか熊だかに折った折り紙も同封されていました。R君がどんなに嬉しかったかは、想像に難くないことです。

そして、そういう親御さん以外の、外での心の支えを、確かなものとしてR君が感じられるようになった11月に、さらなる転機が訪れました。

いつものように教室を飛び出ていった彼を追いかけ、両肩をつかんで僕はこう言いました。

「R、今日はまじめな話をしよう。あのね、このままだとRは、花まるにいられなくなるかもしれないぞ」

すると、彼は、

「なんで？」

と聞いてきました。

「あのね。学校とか花まるでは、みんなが座ってお勉強をしているときに、一人だけ席を立って歩いたり走り回ったりしちゃいけないんだよ」

と僕は言いました。まあ、当たり前のお説教の始まりみたいなものです。ところがR君は、

「えええ！」

と、まるで初めて聞いたかのように、目をむいたのでした。

そして驚くべきことに、その後、年末までの4回の授業では、座っていられるようになったのです。劇的なメタモルフォーゼ……。

もちろん内なるムズムズは存在しているようで、年明けにはつい立ってしまうこともありましたが、思い直して座る。そういう行動に変わりました。つまり彼は、「授業中は席を立ってはいけない」という原則を、分かっていなかったのです。もちろん幼稚園時代にも小学校でも、先生は指導してくださっていたはずです。しかし、集団

指導の中での声掛けは、聞いちゃいなかったということでしょう。また、ある時点からは「この子に言っても仕方ない」という見られ方の中で生きてきたのかもしれません。

保護者からのＦＡＱ（しばしば聞かれる質問）の典型で、「うちの子は、言っても聞いていないんです。どうすればいいでしょうか」というのがあるのですが、答えは簡単です。**「身体に触りながら語りかけてください」**というものです。「肩をトントンしてから話したら、確かにだいぶ聞くようになりました」と言ってもらえたことも数知れません。そういう基本を、自らの経験として、もう一度再確認できました。

こんな解決の仕方もあるのだなという驚きとともに、また一つ、子ども全員に共通する「唯一解」はないということ、だから**決して先入観を持たず、子ども達を感じながら、柔軟に諦めずに向き合い続けることが大事**なのだという教育方針を、かみしめました。

2章 「学ぶ楽しさ」をすり込む

立体の裏側が見える力

優秀な子は何が違うのでしょうか。

ここに図形の問題があるとします。優秀な子はその問題を見たときに、ぱっと鉛筆を手に取り、試行錯誤を始めます。的確な補助線を引き、答えを導き出します。少し難しい問題でも、決して諦めることなく集中して考え、最後には正解に行き着きます。

この、補助線を引く力を「見える力」、諦めることなく集中して考える力を「詰める力」と僕は言っています。

優秀な子とは、この「見える力」と「詰める力」が他の子と違うのです。逆に言えば、この二つの力を得ることができるならば、優秀な子になることができるということです。

まず、この二つについてご説明しましょう。

「見える力」とはないものが見える力で、例えば、立体の裏側が見える力です。この奥にこれが隠れていると瞬時に見えていて、空間がイメージでき、いわゆる俯瞰《ふかん》力があるのです。

こういう子は自分がやっていることでも、俯瞰した映像を見ることができます。例えば、幼児期の記憶を、自分も含めて上から見て記憶しているのです。記憶は目で見た物が残るのが普通ですが、優秀な子は自分もその映像の中に入っていて、俯瞰したイメージを持っているのです。もう一つの映像とでも言うのでしょうか、その見え具合のはっきりさが違うのです。これが、**問題の本質が見えたり、相手が言いたいことの要点がすぐにつかめたりする能力につながっている**のだと僕は思っています。

「見える力」を、算数・数学について少し具体的に説明すると、空間認識力であり、図形センスに表われます。

試験というのは、この線を越えたら合格というものがあるので、傾向と対策を良い先生に習えば合格します。しかし、それは所詮、試験対策がうまかっただけで、研究とか、仕事となると、誰も思い浮かばない「課題」を思いつけるから勝負に勝てる。ここの差が「見える力」の差なのです。

そして、試行錯誤力および論理力・やり切る力などの「詰める力」が備わってこそ、大きな能力となるのです。

うちで教えているノート法というのがあって、できなかった問題を書いて、できなかった理由を書き、できたら潰していく。これをやるとすべての問題を克服できます。この方式で全員伸びるはずです。ところが、楽しいことは身の回りにたくさんあるのでやるべきことに向かえない。人はいつも心の弱さとの戦いであり、これを淡々と実行できた生徒が「詰める力」を獲得し、将来的に成果をあげることができるのです。

これができるかどうかこそが**非認知能力と言われているもので、それは「育ち」**です。これだけの宿題をしなさいと言うと、あっさり「はい」と言ってやってしまう。これは、親御さんが、子どものやる気を大切にしているのです。やらせるというやり方をしていない。子どもはやりなさいと言わないとやらないと思っているお母さんはとても多い。子どもにああしなさい、こうしなさい、早くしなさい、これはやったの？　と言うことが、子育てだと思っている。これは違います。

子どもが小さいときにティッシュをいっぱい取り出したり、水の入ったコップを水がこぼれるギリギリまで傾けたり、夢中になって目の前のことに興味を持っているときは、何かを感じているときなのです。このことが一番良いことなんだけれど、お母さんも母としては初心者なので、もったいないでしょ、ほらこぼれる、とか言って止めてしまいます。子どもが探索活動ややりたいことに集中している時間に、ちゃちゃを入れてしまう。自分が思っている段取りの枠にガチンとはめこんでしまう。

本人が集中していることを大切にするということ、この一点が幼児教育の肝と言えます。子どもが集中して好きでやっていること、本人がやりたいと思うことが大切なのです。

読書は食事と同じくらい大切

学歴に関係なく、社会に出てから大活躍している人が、どんな育ち方をして誰と出会って何を学んできたのか。これを知りたくて、最近、各分野で傑出した多くの方々に、雑誌の連載などでインタビューをしています。

彼らには概ねいくつか共通することがあります。

一つ目は「**母の愛への信頼**」。心の中のお母さんが人一倍大きい感じとでもいうのでしょうか、自分は母親に愛されているに決まっているという強い自信。それはお母さんの話題になったとたんに綻ぶ、表情や瞳の輝きでもわかります。

二つ目は「**没頭体験**」。言わずと知れた「外遊び」が圧倒的に多く、真っ暗になるまで山や川や野原で遊んでいたことや地面を掘り返していたことを嬉しそうに語ってくれます。その他にも、スイミングやサッカー・囲碁・ピアノなどのお稽古事にのめり込んだ経験を挙げる人もいます。何かをやり始めると周りの声が聞こえなかったということも共通項です。この集中の体験が、その後の勉強にせよ部活にせよ、**何事にも「やるなら集中」**という行動原理につながっているように感じます。

これらは、長年講演会で語ってきたことでもあり、再確認したことなのですが、三つ目は「へえ、そこか」と思うことでした。それは「**読書**」です。本を読むことが、語彙力や読解力などいろいろな意味で重要ということは分かっているつもりでしたが、もっともっと深い意義が隠れていそうだなと気づかされたのです。

世界を飛び回り活躍されているある女性は、「本は食事と同じくらい大事」と考える両親に育てられ、ある本があまりに面白すぎて気づいたら朝になっていたという体験を、小学生のときにしたそうです。

また、世界的なＩＴ企業で活躍している男性は、小さい頃は多動系で、外で走り回っていたが、中学生くらいから乱読の読書時代があったと語りました。

不良の時代を乗り越えて起業し、上場までさせた男性の両親は、基本は放任主義だったが「本だけはいくらでも買ってやる」という方だったそうです。このタイプには複数出会いました。外資・国内を問わず大企業のリーダーとして引き抜かれ続けている女性（いわゆるバリキャリ）も、父親が本屋からカタログのようなものを持ってきて、「あなたが○をつけた本はすべて買ってあげる」という育てられ方をしたと語りました。

同じように、本は本屋くらいたくさんあったとか、家族みんなでテレビを消して読書をする時間があったという方もいました。

どうやら、一般的に本が大事と思われている以上に、**人生のある時期に読書にのめり込むことが大きな人間力につながる**ことは確かなようです。

親が読みどころを煮詰めてあげる

東京国際ブックフェアで、「子どもが読書好きになる方法」についての講演をしました。母が認知症になる前であれば、「お前がかい?」と驚いたことでしょう。小さい頃は、読書をまったくしない困った子だったからです。2歳上の超のつく読書家の姉へのコンプレックスで苦手意識を持っていたことや、基本が外遊び派であったことなど、理由はいくつか考えられますが、物語にまったく共感できなかったというのが一番の理由だったでしょうか。

誰がどうしようと自分とは関係ないし、この人がどう感じたかと聞かれても、「人は必ずしも考えと行動は一致しないから、この文章だけで分かるわけないだろう」と考えてしまい、算数はこれが絶対答えだと言い切れるのに比べて、曖昧さの残る感じが納得できなかったと記憶しています。

そんな僕も、思春期になり身体が変わり哲学を始め、恋や友情に悩んだときに、年長の従兄から勧められた北山修さんの本が入口になってアレルギーがなくなり、高校時代の筒井康隆への傾倒で一気に活字世界に没頭する時期が来ました。国語は得意になり、入試の頃は、素材の文章の面白さに感じ入ってつい時間が過ぎてしまうという問題は抱えつつも、得点源になっていました。

教育というのは面白いもので、ずっと得意だったものよりも苦手だった時代があるものの方が、先生になったときに力になる面があります。本で言えば、読みたくない子の気持ちがよく分かるからです。塞翁《さいおう》が馬ですね。そして今一番言いたいのは、わが子が読まなくて困っているお母さんに、僕の例も救いになるのではということです。

走り回って遊び込み、友達との関係で、甘美なことも苦いこともたくさん経験している子ならば、**その心の内に起こった様々なモヤモヤに一つずつ言葉が充てられていく喜びで、いつか必ず読書好きになる**日が来ますよ、ということです。

長く、多くの子育てを見守っていると、小学生時代の読書の一番の問題は、余計なことを言ってしまうくらいなら、放っておけばよかったのに、愛し心配すればこそ言わずもがなの言葉で、却って本嫌いにさせてしまうことです。

以下は、花まる学習会の先生で「読書王子」こと平沼純が調査した「**親のその言葉で本嫌いになったNGワード集**」です。

1　まだこんな本読んでるの？　もっと字が多い本を読みなさい。
2　小学生なんだから絵本は卒業ね。
3　またそれ読んでるの？　いい加減他のも読んだら？
4　もっと厚い本にしなさいよ。
5　途中でやめるの？　最後まで読みなさい。
6　読み終わった？　じゃあ、どんな話で、どう思ったか説明して。

「あちゃー」と言う方もいるかもしれませんが、僕が言いたいのはここからです。この中の6番を見て「ああ、こういう説明はさせてはいけないんだな」と単純に結論を出してはいけないというのが、今回のメインディッシュです。

僕は講演で「一文要約」の力の大切さを強調してきました。つまりエッジの子達が最後の一段を上り詰められるかどうかの現場に居合わせた指導者からすると、**問題作成者の意図を一文で要約する力**こそが、思考力の大黒柱であることは一目瞭然なのです。トップの子とそうでない子は、「先生要するに～ということですよね」という言葉の切り詰め具合の差として現れる。そこで保護者に、「映画を観たときや、本を読んだときに『それはどういうお話だったの？』と聞いてください。物語ならば『○○が△△した話』として、論説文ならば『○○は△△だ』という一文として、要約できますよ」と伝えてきました。

ところがNGワードの6番です。これは、どういうことでしょうか。実は、要約させるには、「言い方が難しいのだ」ということこそが、この6番から学ぶべき真実でしょう。しばしば子ども達から聞くのは、詰問調あるいは口頭試問のように聞くお母さんの存在です。それで好きになれというのは無理です。

つまりは「芸風」が大事なのです。明るく爽やかな芸風が。「えー、映画観たの？

どういう話、どういう話？」という感じでしょうか。**相手が自然に話したくなる会話のムード**です。低学年までは「一番面白かった一場面」とかのエピソードしか言えないことが大半ですから、そこで「要約してみせる」のがコツです。「ああ、つまり○○が△△したって話か」と、**身近な大人が楽しそうに煮詰めて見せることが、最大の指導法**だと思います。

それでは、その芸風を支えるものは何でしょうか。

それは、**導く大人の側が安心して生きているということと、心の底から本が大切だと感じていること**だと思います。特に、これだけスマホを代表とするコンピュータ社会が発展し、紙ベースの出版は下降気味になり、必要情報という意味ではほとんど画面で検索し画面が教えてくれる時代に、「いえいえ、本はやっぱり大切ですよ」と親自身が言い切れるかどうか。例えば「この一冊」と呼べる本はあるでしょうか。

僕の場合は、ちょっとゴチャゴチャした気持ちになったとき、リセットできる図書と言えば、並み居る古典の有名本を押しのけて、コリン・ウィルソンの『超読書体験』という上下二巻の本です。音楽で言えばジョン・レノンというか、完全に男子校で受ける魅力に満ちています。進学校で頭は抜群に良いのだが先生に媚《こ》びたりせずにいる不良の清々しさとでも言えるカッコよさにあふれていて、古今東西の名著と呼ばれる本を情け容赦なくぶった切っていくのです。その切れ味と感性が素晴らしく、最高に素敵な男友達と接した感覚になれるのです。少し見失った自分の立ち位置を確認できるのです。

絶対に捨てられない一冊はありますか？　子ども達のためになるから読ませようというのではなく、親自身も心底その素晴らしさを分かっているから「読書の喜び」を伝えようというふうでありたいですね。

本書をお買い上げいただき、誠にありがとうございました。
質問にお答えいただけたら幸いです。

◎ご購入いただいた本のタイトルをご記入ください。

『　　　　　　　　　　　　　　　　　　　　　　　　』

★著者へのメッセージ、または本書のご感想をお書きください。

●本書をお求めになった動機は？

①著者が好きだから　②タイトルにひかれて　③テーマにひかれて
④カバーにひかれて　⑤帯のコピーにひかれて　⑥新聞で見て
⑦インターネットで知って　⑧売れてるから／話題だから
⑨役に立ちそうだから

生年月日　西暦　　年　月　日（　　歳）男・女				
ご職業	①学生	②教員・研究職	③公務員	④農林漁業
	⑤専門・技術職	⑥自由業	⑦自営業	⑧会社役員
	⑨会社員	⑩専業主夫・主婦	⑪パート・アルバイト	
	⑫無職	⑬その他（　　　　）		

このハガキは差出有効期間を過ぎても料金受取人払でお送りいただけます。

ご記入いただきました個人情報については、許可なく他の目的で使用することはありません。ご協力ありがとうございました。

郵便はがき

料金受取人払郵便

代々木局承認

6948

差出有効期間
2020年11月9日
まで

1518790

203

東京都渋谷区千駄ヶ谷4-9-7

(株)幻冬舎

書籍編集部宛

1518790203

ご住所 〒

都・道
府・県

フリガナ
お名前

メール

インターネットでも回答を受け付けております
http://www.gentosha.co.jp/e/

裏面のご感想を広告等、書籍のPRに使わせていただく場合がございます。

幻冬舎より、著者に関する新しいお知らせ・小社および関連会社、広告主からのご案内を送付することがあります。不要の場合は右の欄にレ印をご記入ください。

不要 □

遊びながら頭が良くなるアルゴゲーム

「算数」を世界の共通種目と認識し、世界中の子ども達が「算数」で競い合おうと、フィールズ賞受賞者である世界的な数学者広中平祐先生が提唱されてできたのが「算数オリンピック」です。まさにスポーツのオリンピック同様に世界中の子ども達が挑戦しています。ここで出される問題は受験や学校の学習進度とは関係がなく、数理的思考力の面白さを味わえる問題です。僕はここの問題作成に関わっているので、ユニークな発想を持つ数学好きの若者達と交流を深めてきました。

ここで知り合った方とのご縁で出会ったのがアルゴゲーム。最近友人とこんな物を作っているんだよと紹介されたのです。当時はまだ今ほど内容が練れていなくて、僕も色々意見を言わせてもらい、ついに今の形の12枚の白と黒のカードを置いて、相手のカードをあてていくというゲームを作り上げました。**ルールはいたって簡単、しかし奥が深く、数理的思考力が育つ画期的なカードゲーム**が誕生しました。

そこで、これを教材として教室ができないかと相談を受けました。ちょうど低学年向け思考力育成に特化した教室をやってみたかったこともあり、「アルゴクラブ」と称し、はじめの1年間は僕が教室長になり運営しました。実際に教室で使ってみて、毎回もっとこうした方が良いなどの工夫を加え、この授業コンテンツを育てていきました。

すると、第一期の生徒は、ほとんどがのちに一流校に合格したのです。そもそもアルゴゲームに興味を示した時点で頭が良いとも言えるのですが、アルゴゲームを知ると一様に皆思いっきりのめり込んだのです。その効果に我々は本当に驚きました。

今ではその手法を他の大手学習塾にもフランチャイズ形式で広めています。ご家庭で遊びながら子ども達の思考力を育ててみてください。

伸ばす秘訣は、のめりこませることと、終了後に「感想戦」をじっくりやることです。「どうしてここで2って言えたの?」「だって◎◎で◎◎で◎◎だから」と論理的な説明ができれば、本当にものすごく伸びていきますよ。

アルゴゲーム

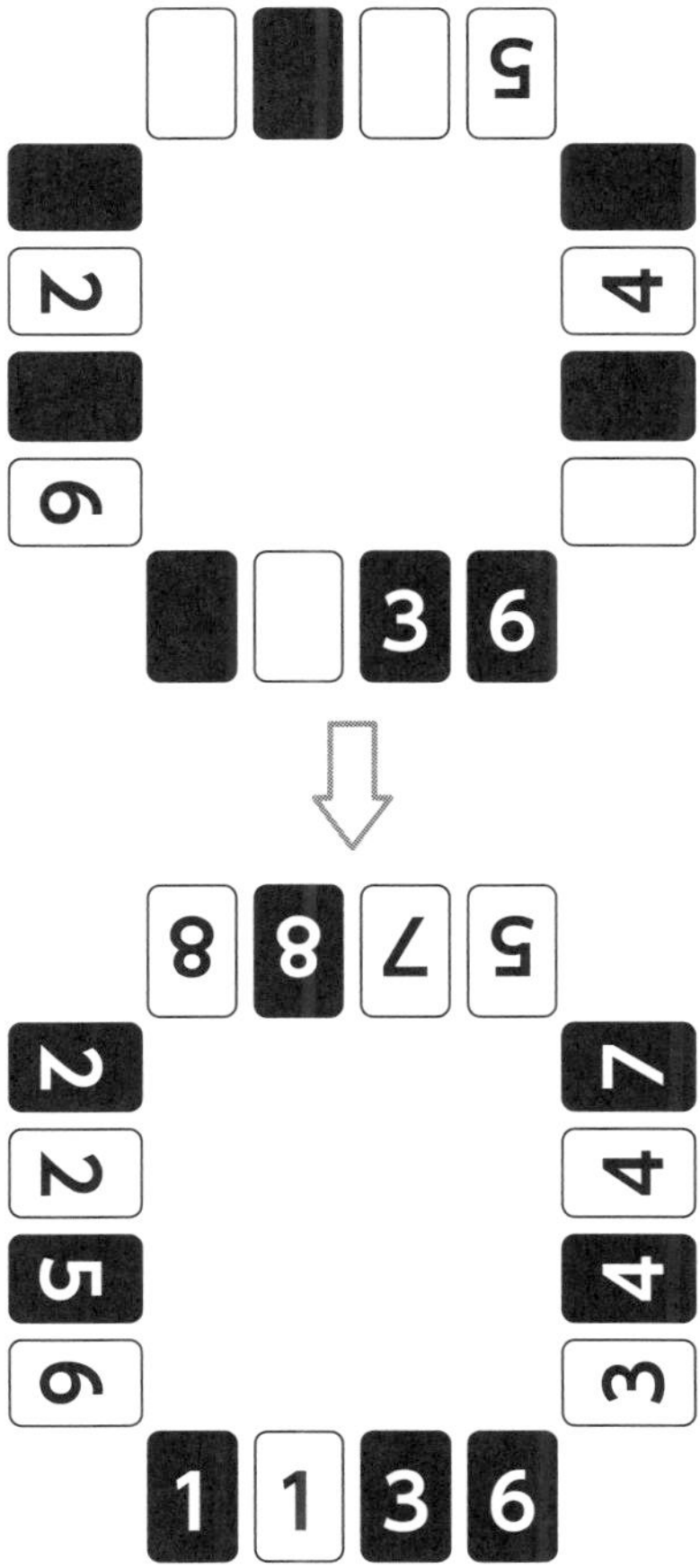

「笑わせる力」は、学歴を超える一生の宝

成人の日の調査で、「誰とも交際したことがない」という新成人が、半数近くになる時代。青年期以降に「自分でも何とかやっていけそうだぞと肯定感をつかむチャンス」または「モテ側に変身するチャンス」が訪れたときに、その機会を逃さず、好きな人を口説きお付き合いできるようになるために、わが子が幼いときに親としてどう準備しておけばよいでしょうか。基本的には、**「育てる」**のと、**「機会に放り込む」**という二つの視点があると思います。

「育てる」というのは、例えば「モテる要件」を列挙してみると分かりやすいでしょう。「一生懸命である」「得意なスポーツがある」「楽器が弾ける」「他人を思いやれる」「たくましい」などなど。たちまちいくつも書き出せるでしょうから、それを家

笑いを育てる「たこマン」

左の絵を見て次のシーンを想像する。右の絵は解答例。

「左のシャツのウサギさんがおじゃましまーすと言って隣のシャツに行って、2匹は仲良くなりました！」

のどこかに貼っておいて、家族で時々話題にするのです。

子育てを楽しみながら、その**一つひとつがわが子の身についていくことを、意識しているだ**けでも効果はあります。

また、特に強調したいのは、笑わせ上手は、誰からも人気があるということです。大人になっても大きな力になります。笑いを大切にする家庭文化は大事ですし、うちは夫婦ともどもそういうタイプでないという場合でも、工夫次第で笑いを身につけることができます。例えば、「たこマン（一枚の絵を見て、次のシーンを想像し、誰よりも面白いことが言えた人が優勝という、僕達花まるの低学年コースで使用している教材)」を家庭でやるのは強力な具体策です。ぜひお試しください。身近にある写真や記事などを使ってもできます。

「機会に放り込む」というのは、固定化された学校の人間関係にとどまらず、花まるのサマースクールのような「新しい人間関係(できれば、異性・異学年など多様な人がいる)」に放り込んであげることです。長年続けていると、おとなしくて地味な長男君が、継続的に参加することで自信をつけ、6年のときには見事にリーダーシップを発揮し、女子に憧れられることに成功した、というような物語を何度も目撃してきました。山村留学や海外経験なども含め、**幅広い経験ができる機会に送り出すことは、親として勇気も必要ですが、価値ある具体策**だと思います。

「問題の本質を見抜く力」は、図形問題でわかる

30代前半にして、数百億円の資産を築いたという男性と会いました。見たところ柔和で穏やかな物腰の普通の青年ですが、実現した業績が突出しています。彼の自己分析を聞きたくて、数多《あまた》の人々とあなたは何が違うから成功したと思うか、と尋ねたところ、即座に「補助線の見え方だと思います」と答えました。これには驚きました。

ご存じの通り、「メシが食える大人」を標ぼうする花まる学習会で大切にしている「3つの力（算数脳）」の第一が「見える力」であり、**その代表が「補助線が見える力」**だったからです。

僕は若い頃に家庭教師や塾の講師というアルバイトを多くしていて、そこで中・高・大の入試分析を僕なりにしていました。すると、トップ校の図形問題の多くが、公式の暗記などではなく、一本の補助線が浮かぶか浮かばないかで決まるのだと分か

ったのです。そして、僕の教え子達は、それができる子とできない子に、明確に分かれていました。この考えを深めるにつれ、**これは入試にとどまらず、人生全般で効いてくる力**だと思い至ったのです。

「相手の言いたいこと」「要点」「本質」「解決策」「アイデア」など、こういう「見えないもの」がいかにクリアに見えるかこそが、人生の差になっている、と。実際にその後、単に学歴などではなく「この人すごい！」と言われている人の何がすごいかを分析したところ、ほぼ全員に当てはまりました。

同じように新聞を読み、TVを見ているだけなのに、他の人には見えない「問題の本質」が見えて、言えて、的中している。この**見える力こそが、「本当の頭の良さ」の核心**だと信じて、幼児からの教育でこの力を伸ばす花まる学習会を続けてきました。

そんな僕にとって、「補助線」という彼の言葉は、ストライクすぎて、舞い上がるほどの嬉しさでした。彼によると、投資する会社の課題や今後の業績の見込み等を判断するときに、「独自の補助線が見える」のだそうです。「課題設定」「勘所《かんどころ》」という言葉を使っていましたが、まさに**見えないけれど大切なものが見える力があったからこそ、そこまでの業績を残すことができた**のです。

その後に、今をときめく若手の「知力の雄」と目されているA氏と会ったときにも、「課題設定力」が話題になりました。彼曰く、「ダメな人とは、課題設定に失敗し続けている人だ」とのことでした。例えば、肥満で生活習慣病になり、仕事にも支障をきたすようになっている人がいたとする。第一の課題は「健康の回復」であり、それは煎じ詰めれば「睡眠・食事・運動の習慣」であるはずだが、残念な人は、仕事が楽しくないという心の課題に注目したり、変なサプリメントを買わされたり、転職しようとしたり、いちいち的外れな行動をし続けている、とのことでした。いささか身も蓋もない結論ですが、人間世界を眺めると、確かにと納得する事例だらけです。

ここで僕にとって大事なのは、クリアで的を射る「課題設定力」を将来持てるように、子どもの「見える力」を伸ばすにはどうすればいいかということです。これは順序立てて考えれば、割とシンプルです。

第一に、CPUたる**「イメージ力」そのものを鍛える**こと。いわゆる「非認知能力」の一つで、幼児期にある程度育ち終わってしまいます。これをその時期に伸ばす秘訣は、「遊びと生活」の中にあります。特に熱中・没頭して全身を使うことが一番良く、最良のものは「外遊び」ということになります。「4年生くらいまで走り回って遊び込んだ子は、伸びるよね」とは、尊敬する教育界の先輩方から若い頃に言われた言葉です。今、本当にその通りだなと痛感しています。

これは「経験の振れ幅と総量」とも言うことができます。お手伝いや工作などで、五感への様々な刺激を受けた子、たくさん見て、聞いて、味わって、触って、においをかいだ子は、イメージの貯水タンクが豊かになるのでしょう。この経験総量の中には、喧嘩や辛い思い、克服や仲直りなどの心を揺さぶる経験も含まれます。

第二は、**「言葉」に厳密であること**。同じ状況を見ているのに、優れた見識を述べられる人を観察すると、単純に「イメージが豊か」というのではなく、大きな因子として「言葉に厳密」という共通項があることに気づきます。ある尊敬できる医師は「高濱さんは『世界』ってどういう定義で使っていますか」と聞いてきました。もうこの一言が、このことを言いつくしています。一つひとつの単語を厳密に使用する習慣が積み重ねられているので、本質を切り取る言葉が精緻で鋭いのです。それは「イメージの鋭さ」とでも表現できるでしょう。何かを説明する語にも、解決策を示す言葉にも、説得力と迫力をもたらすゆえんです。この力を育てるのにはどうしたら良いのでしょうか。「家庭の言語能力、特に親のふだんの言語の力が、子どものあと伸びの最大因子である」と僕は思っています。

第三に、**「知識」の豊富さ**。「どこでもPCやタブレットで検索できるから、これからは知識の詰め込みはいらない」というのは、暴論です。脳の脳たるゆえんである働き、すなわち意味を見出したり想像したりするためには、知識の土台が必要です。それが豊富であればあるほど、引ける補助線が多様で有力なものになります。例えば、歴史の知識が豊かであれば、一つの状況に「歴史の補助線」を引いて、たとえたり分析したりすることができます。それは正解のない世界で、感情に流されず、冷静に判断する力を与えるでしょう。

知識はざっくり分けて「深い知識」と「広い知識」の二種類があります。好きなことの学びを極めて「深い知識」のありようを体感していることも大事ですし、「広い知識」として教養を深めておくことも意義があります。

古今東西の知を伝え、様々な他人の人生の経験を感じさせてくれる読書は、この一点において、絶大な好影響があることが分かります。

「補助線が引ける人」になるには、「**よく遊び、たくさん経験し、言葉を大切にし、よく学べ**」ということになるでしょうか。平凡な結論ですが、真実はいつも凡庸な言葉にひそんでいます。

「やり抜く力」は、毎日の漢字の書き取りで鍛える

ＧＲＩＴ（グリット）という言葉が、少し前にビジネス界を中心に流行しました。言葉の意味は「やり抜く力」のことで、２０１６年に出版された同名のベストセラー本で語られていたのは、一言で言えば「ことを成せる人とそうでない人では、やり抜く力にこそ差がある」ということでした。この本を手にしたとき「ん？　これは僕の本のパクリではないか？」と思ったのですが、外国の出版物だったので偶然だったようです。というのも、２００５年に書いた『小３までに育てたい算数脳』という本で、僕はすでにその力について語っていました。

どういう内容かと言えば、**算数の問題を解く鍵は「見える力」と「詰める力」**とい

う二つの力が柱ではないかというものでした。

「**見える力**」とは、言い換えればイメージ力、一言で言えば「ないものが見える力」。算数脳を育てるという本なので「立体の裏側」や「補助線」を、その典型として語りましたが、要は「要点」「アイデア」「相手の言いたいこと」「相手の気持ち」「本質」など、本当は見えないけれども、考える行為において非常に重要なそれらの「見えないもの」がくっきりと見えていることが重要だというものでした。

「**詰める力**」の方は、「論理力」や「要約力」や「精読力」など、ぐいと集中して詰めてやり遂げる部類の思考力で、その一つが「意志力」でした。算数の能力の話をしているのに意志力かと、驚かれた方もいたのですが、要は見えるだけではダメで、思考ステップが多い難問やタフな試行錯誤や必要条件の発見を求める問題に向き合い、解法のフローチャートや方向性が見えたところで、**最後までめげたり諦めたりせずにやり抜く力が重要**なのだと書いたのです。その有無が、人生においてもトップに上り詰められるかどうかの分岐点になっていると。

その後、「見える力」「詰める力」に、「あそぶ力」を加えました。イメージ力と集中力だけではなく、ダメだと分かったらひょいとやめて他の方法を試すような身軽さ・柔軟性や、別解を楽しめる器・余裕、のめり込んでいる自分を冷静にモニターする俯瞰力のようなものを、その言葉で表現したのでした。しかし、太い二本の柱は先の二つの力であるという信念は、いまだに変わりません。

ところで、その「詰める力」について、一つ発見があったので報告します。それは偶然でした。ずいぶん前に花まるにお子さんを通わせていた親御さんとお会いする機会がありました。その雑談の中で、

「私、子どもの花まる時代の色々なもの、全部残しているんですよ」

とおっしゃって、連絡帳やおたより類などを見せてくださったのです。当時は僕一人ですべて回していたので、連絡帳もすべて僕が書いたものでした。「宿題をやりたがらない娘に、どう対処するか」という相談に、「お母さん、ここが子育ての勝負のときです。妥協しないでください！」と言い切って、毎日決まった時間に学習をする

大切さを、少し暑苦しい文章で主張していたのでした。「熱かったですよね」と二人で大笑いしました。

そして、毎月のおたよりにはさんでいたあるプリントを見たとき、「あっ！」と気づいたのです。それは、当時の「花まる漢字検定（現在の花まる漢字テスト）」の、「特待（この検定で96点以上の成績）」合格の子どもの名前を列挙したプリントでした。当時は、総会員数も少なく、「特待」は全学年で20人強しかいなかったので、表彰の意味を込めて一覧で掲載していました。

驚いたのは、そのときの合格者25人の10年後の進学先です。5年生で一人だけ「特待」だった男の子が東大でした（この子は中学受験はせず、6年生まで花まるでした）。4年生はゼロ。3年生の「特待」合格者二人のうち、一人は不明ですが、もう一人は東大。2年生は10人、1年生は12人いたのですが、分かっているだけでも東大・東北大・早・慶など、錚々《そうそう》たる結果につながっていたのでした。特に3年生以上の3人のうち2人が東大というのは、ちょっと驚くべきデータだと思いました。

花まるで行っている漢字テスト「花漢」で「特待」を取れる力と大学進学にどんな因果関係があるのかを考えてみました。それは、**「やるべきことを、たんたんと落ち着いた集中でこなせる力**」であろうし、面倒くさくなろうが、少しも心ぶれず、与えられた範囲の学習を「やり切る力」でしょう。そして、やれと言われたからやるのではなく、やるぞと決めてやっている「主体性」でしょうし、形式だけ何回も書くのではなく、「身についたかな」と自らを俯瞰して、本当に書けるようになるまで「詰め切れる力」でしょう。

ここで発見に近い再確認をしたのは、3年生後半くらいからの花漢で「特待」合格を取れることは、「単に漢字力にとどまらない、将来につながる大きな力が証明されているようなもの」だということです。もちろん、「言ってもやらないんですよ」で済ませない、保護者の厳格な態度も影響しているかもしれませんが、それも含めて**花漢の中学年以降の「特待」合格には、将来の学力、社会に出てからの成功を予言するくらいの意味がある**と思いました。

例えば、長い夏休みにどんな学習計画を立てるかというと、案外明確な指針は持ち切れない保護者の方が多いのが現実です。そこで提案です。「この夏こそ漢字を頑張ろう！」と親子で挑戦してみてはいかがでしょうか。長々とやる必要はありません。毎日少しずつ継続することが、一番のコツです。「やるべきことを、たんたんと落ち着いた集中力でこなせる力」を養うのも大きな目的の一つなのですから。ただ監視しているのではなく、親こそもう一度漢字の学習を一緒にやるというのも、双方に恵みをもたらすと思います。

種から若木までを懸命に育てる

あるとき、どういう風の吹き回しか、3日連続で卒業生の訪問を受けました。

一人目は、24年前に第二期生として入会してくれたS君。一期生だったお姉ちゃんも優しくておとなしくて人柄が良かったのですが、S君も無口で強い主張をしない子でした。人の嫌がることはやらない誠実な人柄と、鬼ごっこ程度のゴニョゴニョ遊びの中での、捕まらない俊敏《しゅんびん》な動きは覚えていました。そのS君が、**格闘技の「修斗」で世界チャンピオンになった**というのです。僕の後に教室長を引き継いだ樋口が元プロボクサーだった影響というわけでもないでしょうが、小さい頃の寡黙な彼を知っていると、信じられませんでした。

チャンピオンベルトを持って登場した彼は、昔の面影を残しつつも、精悍《せいかん》でオーラをまとっていました。試しに腕相撲をしたら、手加減こそしてくれましたが、まったく敵わない強靭《きょうじん》さを感じました。あのおとなしかった彼が、どこで変貌したのかを聞くと、高校の体育学科で体操を専攻し、そこでまず徹底的にアスリートとして鍛えられ、19歳のときに1カ月半インドをバックパッカーとして旅したときに、転機が訪れたということでした。一人きりの放浪。金がなくなったら、「働かせてくれ」と交渉してお茶摘みのバイトをするような経験の中で、生きる力を手に入れたそうです。リングでは筋力などフィジカル面での強さはもちろん、戦いの組み立て＝戦略がものすごく大切で、お互い苦しい終盤で、**「深海に引き込んで息苦しさ勝負に持ち込むような我慢比べ」に勝てるように、絶対に相手よりきつい練習をする**んです、と教えてくれました。自分の人生ではまったく経験したことのない世界の話は、興味津々で、勉強になりました。

二人目は、大学生のR君。10年以上前に「アルゴクラブ」のパイロット版授業を、僕がすべて一人で担当し開発していたときに、参加してくれた3年生の一人です。**問題作成を楽しめる子は伸びる**という信念に基づき、「詰めアルゴ」作成を奨励していたのですが、R君は提出数が多かったので、ご褒美に僕の処女作『小3までに育てたい算数脳』の中に、彼の問題を作品として掲載しました。スクールFCで勉強して、開成中・高校までは順調でしたが、大学入試で2度失敗。そのたびに人生相談に来ていましたが、めげるとか自信をなくすということはありませんでした。むしろその**逆境を楽しんでいる**ふうでもあり、たくましさが増したなと感じていました。

東大文一に進んで、就活のタイミングとなり、また相談に来たのですが、知らない間にすっかり大人の物言い・考え方になっており、大企業にするか、同級生が立ち上げたスタートアップの会社に法務で誘われていて、そちらに行くか迷っているということでした。何より、東大の中で僕がもし入るとしたら、この先生が良いなと思っているA教授のゼミを取っていると聞いたときは、その判断の良さに感心しました。どう転んでも食っていける目と力をつけたんだなと、成長に目を細めました。

3人目は、大学院生のT君。私立の中高一貫校から早稲田の理工に進み、数学を学んでいます。博士課程に進んで大好きな数学の研究者を目指したい気持ちもあり煩悶《はんもん》したけれど、結局厚生労働省に決めましたという報告でした。その決め手は厚労省のことを相談したら、「母が喜んでくれたので」というのが彼らしいなと思いました。

彼は母子家庭の一人っ子。お父さんの顔も知らないのですが、たくましいお母さんが、女手一つで育て上げたのでした。花まるに少し在籍してすぐにスクールFCに入塾し、特算・スーパー算数（現在のシグマ算数）・スーパー数学と、すべて僕が授業をした一人です。

ちょうどこれを書いているとき、別の高校生の教え子が数学オリンピックの予選で賞を取り、日本代表選びの合宿に参加するというニュースが届いたのですが、そちらは普通に生きるのには苦労するかも、というくらいにこだわりの強い天才系だったのですが、T君は努力型。「**人と競うより、自分がしっかり分かることしか、ずっと興味がなかった**です。自分はコツコツやるのが向いていたので」という言葉に象徴されています。

その彼が言うには、

「特算は遊びみたいなのに、すごく考える時間だった。スーパー算数は難しくて厳しかったけれど、そこが逆に本気の戦いの実感があって、とても充実していた。あの6年生の1年間みたいに、**純粋に勉強に打ち込めた時間**はなかったです」

と、その言葉は弾んでいました。「算数・数学を大好きになれたおかげで、一発逆転できたと思っています」というので、言葉の意味を聞きました。すると、母子家庭で生活も心配だったが、数学の成績が良いから早稲田の推薦も取れたし、大隈記念奨学金はじめ数百万円の奨学金ももらえた。そして厚労省に数学の技官として入ることもできたし、結果母親を喜ばせることができた、ということでした。

数学の話になると熱く語り出し、現代の注目の数学者とか、僕でも読めるお勧めのトポロジーの本などを教えてくれました。「高木貞治やヒルベルトとか偉大な数学者がいますが、結局はオイラーとガウスに行き着くんですよ。すごいですよね、あの二人」と語る、語り口の熱烈さが、可愛かったです。

三者三様の道。**自分で決めて、それぞれの分野で努力することも身につけ、足取り**

確かに歩いている報告を聞くことは、教育に携わる身として、醍醐味《だいごみ》と言ってよいくらいの喜びの時間でした。3人とも、お母さんはのんびり大らかで、いつも笑顔でした。彼らを見ていると、種から苗、若木までを懸命に育てて、しばらく間を置いて見たら立派な樹木に成長している姿を見せられたようでした。こちらは確実に枯れていく年齢。若木達よ、どんどん育て！　と願わずにいられません。

3章

「包み込む親の愛」を伝える

仕事先から走って帰ってくる足音

アメリカのデータですが、いわゆる生活困窮者のデータを調べてみると、小さい頃お父さんが仕事の愚痴を言っていたと言う人と相関していたそうです。ようするに、つまらない大人を見ているとネガティブになる。**子ども達が見たいのは一生懸命な親であり、輝く親**なのだと。これは真実で、働くお母さんは忙しく、時間がない。それなのに、家でも仕事場でも両方100点を取りたいと思ってしまう。それは無理です。

僕は、両方とも50点でいい。合わせて100点でいいと言っています。どっちも完璧ではないと思うかもしれないけれど、**お母さんが両方それぞれに精一杯やっていることが大事**。そしてどっちも50点だけど、幸せだと思っていることが大事だと思うのです。それが、どっちも頑張って人に評価されたい、ほめられたいと思ってしまう。自分はこんなお母さんで、他のお母さんと比べて良いお母さんと言えるのかなと、人と比べるからいけないのです。自分でこうだと設計して、そのプランに沿ってどっちも頑張ってやっているならそれを**楽しむことの方が大事**なのです。

実業家で大成功した人と、あるとき話をする機会がありました。彼が子どもの頃は実家が零細企業を切り盛りしていたので両親は共働きで、学校から帰ってもお帰りと言ってくれる人はいなかったそうです。それでもこんなに優秀な人材に育っている。一般に、「ただいまと言ったらお帰りと言う人がいないとダメだ」というような幻想があるのですが、この人はちゃんと育っている。帰宅したときお母さんがいなくてさみしくなかったと言ったら嘘になるし、いつも夕飯が遅くて待たされたけれど、お母さんに対しては何も悪い感情はなく、お母さんは絶対だったのです。

お母さんの帰りはいつも遅く、弟と待っていると走って帰ってくるお母さんの足音で、真っ先に弟が「あっ、お母さん帰ってきた！」と分かるのだそうです。するとドアが開いて、お母さんが息せき切って家に入るなり、「ごめんね、ごめんね、遅くなったねー、お腹空いたよねー」と言いながら急いで夕飯の支度をしたのだそうです。

「**僕たちのために走って帰ってくる母親に悪い感情なんてありませんよ。その親を僕たちは裏切れない**ですよ。世界最高の母親ですよ」

と。つまり、これがベストなのです。完璧にやっているというより、**必死でやっているお母さんの方がよっぽど良い**と僕は思います。

もう一つ、お母さんはできれば明るくいてほしい。僕の母親はユーモアがあって、いつも僕たちを笑わせてくれていました。

ある日のこと、目覚まし時計の電池が切れかかったことがありました。音がとても小さくなって頼りない鳴り方をする。「こわれたね」とか「電池切れたかな」と言うのが普通の親でしょう。しかし母は、

「あっらあ、こん時計はやさしい音ばい」

と言ったのです。僕たちはそれを聞いてお腹を抱えて笑い転げました。本当に何気ない日常の一コマですが、この笑いが僕たちに生きる力をくれました。

お母さんの一生懸命な姿と笑顔は子どもにとっては何よりの力の源なのです。

お母さんを包み込む人の網

子どもの周りから嫌なものや傷つけるものをすべて取り除こうというのは、悪しき除菌主義です。子ども達は小さい傷を受けて回復することの繰り返しで強くなる。体も心も。僕は「もめごとはこやし」と言っています。**幼少時から年齢相応の良い加減で、少しずつ傷ついては克服するという乗り越え経験が大事**と、講演会のたびに語ってきました。

わが子にとって「もめごとはこやし」であることは、お母さんたちも頭では分かっています。人生を振り返れば、苦労した人は強いなという実感もあるし、社会人として人一倍輝いている人は、何らかの逆境に立ち向かい乗り越えた人であることも、よく分かっています。それでも「うちの子が叩かれた」と怒鳴り込んでしまう親は、成熟度が足りないダメな親なのでしょうか。いいえ、**母とは泉のように心配がコンコンと湧き出る生き物。子の無事を祈り、傷つけるものにはかみついてでもわが子を守ろうとするのが本質**です。

足りないものは、一人の母を包み込むような人の網です。僕は「母のゆりかご」と言っていますが、子どものことですぐに不安になるお母さんの話を毎日受け止め、傾聴し、うなずき、気づき、気遣い、ねぎらう人のネットワークが絶望的に欠落していること。それが一番の問題なのです。

子どもたちが、辛いことがあっても自分なりに消化し明日強くなれるのは、「おうち」「かぞく」という「安心を感じられる帰る場所」があるからです。そして、その支柱である**「お母さん」が安心していられるためには、人の輪が一番効きます。**

「分かるよ。腹が立つよね」「大丈夫、大丈夫。そうやって強くなるのよ」「あなたもお母さんらしくなったじゃない」「どうしたの、疲れているね」「頑張ったじゃない」と**シャワーのように温かい言葉を浴びていればこそ、大らかな母さんでいられるとい**

うものです。

子どもが強くなれるためには、本当は「母のゆりかご」こそが必要です。しかしながら、隣組もご近所付き合いも寸断された現代だからこそ、みんながそれぞれの立場で考えなければなりません。僕の解答は**「ママのニコニコカード（ママ友や実母・実姉妹とのおしゃべり、仕事、アイドル、スポーツ、講演会などなど）」を、外に出て積極的につかみに行く**ということですが、もとより答えは一つではありません。「私は、○○のおかげで、心穏やかでいられる」ということがあれば、ぜひそれを実行してください。

面談に夫婦での出席が増えてきた

「定点観測」とは元は気象用語だそうで、一つの場所から世界を観察し続けるという意味ですが、教室という同じ地点で四半世紀も仕事をしていると、見えてくるものがあります。

その中の一つが、「**お父さん達が変わってきた**」ということです。例えば講演会。20年前は日曜日に行うお父さん向けの講演会でも、「妻に言われて仕方なく来た」という風情の仏頂面パパばかりで、感想も「だいたい分かっていることばかりだった」とか「塾の先生なのに、なかなか良いことも言うなと思いました」というように、戦闘モードというか対抗してくる意思を感じました。

しかし、イクメンという言葉が流行語になったあたりから変化が見られ、今のお父さんたちの中でも「外で仕事をしていればよいというわけではなさそうだな」というのは共通認識になり、お母さん向け講演会でも平日の午前中なのに複数のお父さんがいるのが当たり前になってきました。しかも真剣に聞いてくださいますし、感想文を書いていただいているのですが、それもまっすぐ伝わる誠意ある言葉で埋められています。

親御さんとの面談でも、以前はお母さん一人が当たり前だったのが、いつ頃からかたまにお父さんがいらっしゃるようになりました。もちろん受験部門のスクールＦＣでは昔からありましたが、花まるの面談でもお父さんがいらっしゃるというケースが出てきたのです。

あるお父さんから聞いた話が面白かったので紹介します。

それは、パパ友を作ったという話です。既存の親父の会や仕事の同僚などではなく、子どもと遊ぶために行った公園で親しくなったというのです。「公園デビューの難しさ」が話題になったのはもう10年以上も前ですが、そこで「デビュー」するのは母と子と決まっていました。そこに、お父さんも加わるようになったのです。

ご自身は娘二人のお父さんなのですが、公園にやってきたお父さんのほとんどが、子どもを遊ばせつつ自分はスマホをいじっているという中で、自分と同じように身体を動かして娘さんと一緒に遊んでいるお父さんを見かけて、声をかけたそうです。同類の親しみを感じたのでしょう。男性の平均的感覚からすると、よくぞ声をかけるその一歩を踏み出せたなと思います。

そのパパ友とはそれからとても親しくなり、遊ぶ子どもたちを見守りながら二人で話したりビールを飲んだりしているそうです。子育てにおいて、母抜きで父同士もつながれる時代の到来です。とても良いことだと思います。

男同士だからこそ、また娘を持つ父同士だからこそ分かり合えるものがありますし、妻に対する気持ちなども共感できるでしょう。**夫の精神安定にも良いし、奥さんの心にも安定をもたらす。それは結果的に、子どもの健やかさにもつながります。**

お父さんは、まとめるな、結論を言うな、ただうなずけ。大事なのは思い

僕がよく講演などで言っているのは、お父さんの役割は、わが子の健やかな成長のために、家族の中心＝太陽であるお母さん（共働きだろうがなんだろうが）が笑顔でいられるように最善を尽くすことであると。これは、紆余曲折30年にわたって教育について考え行動してきた結論です。そのために、話を聞くのが上手な人はとことん聞けばよい。姉や妹がいた人などにはとても有利な手法ですが、たいていの男性はオチのない焦点の定まらない妻の話を苦痛と感じてしまいがちです。そのために、父親学級では全員でうなずく練習をすることさえあります。

「**まとめるな、結論を言うな、ただうなずけ**」と言うと、お父さんたちは大笑いしますが、実際のところ「やってみたら効果がありました」という声も多くいただきまし

た。

あるとき、お父さんの子育てでの役割を調べるために、600人以上のお母さんからアンケートを取ったのですが、それは僕がこれまで言ってきたことを裏付ける結果となりました。

「夫が自分の話をうなずいて聞いていると嬉しい」と答えた人がなんと97％だったのです。似た問いですが「夫が新聞やテレビを見ながら自分の話を聞いているとイライラする」は62％。やや少ないのは「ま、イラっとするけれども仕方ないか」という妻たちの声の表れかもしれません。

僕は、「妻の笑顔に貢献するために、わが子と遊びましょう」と主張しているのですが、**「夫が子どもと一緒に遊んでいると嬉しい」は99％**でした。また「夫が子どもに勉強を教えていると嬉しい」は89％。どうでしょう、明確な方針が見えてきます。

面白いのは、「夫が自分との記念日を覚えていないとイライラする」がたったの

33％であるのに、「夫が子どもの誕生日を覚えていないとイライラする」は70％。つまり、**可愛い子どもへの思いを共有できていること**が、ママの大切な安心ポイントなのです。偉そうに書いていますが、20年以上になるわが家の夫婦関係でも妻が最大に炎上したのは、息子の大切な予定を僕が忘れてしまったことだったことを、告白しておきます。

このアンケートで分かったことで、これまで僕が見逃していたものが一つ見つかりました。それは「夫に『ありがとう』と言われると嬉しい」が97％だったことです。これは当たり前すぎて情報化できていませんでした。しかし思えば確かに、講演会の感想にも書いてあったし、面談でもお母さん達は言っていました。「一言『ありがとう』って言ってくれると、全然違うんですけどね」と。気持ちが一番大切ですが、**最も気を許せる家族だからこそ、あえて言葉にする心がけというか習慣が大事**なのでしょう。

これは夫婦というよりも、親子でも会社でもあらゆる人間関係に通じる真理です。

さて、あるお母さんから連絡帳にメッセージがありました。それは、娘のピアノの発表会で、個人での発表と並んで、お父さんとの連弾が実現したというものでした。まったく弾けなかったお父さんは、この日のために練習をひたすら積んだそうです。「普段は帰りが遅く、娘と触れ合う時間も少なかったので、二人にとって有意義な時間を持て、6年間で一番の思い出を作ることができました」と書いてありました。6年間とあったのは、もう次の発表会では娘さんのレベルが上がるので一緒にできないだろうという見通しだそうです。それも笑えますが、何より**文面からお母さんの喜びがあふれている**。「良かったなあ。お父さん頑張ったなあ」という思いで、僕までとても嬉しくなったのでした。

親も成長し続ける家庭でありたい

ラグビー日本代表チームの中で仕事をしていた方に、興味深いことを聞きました。随分前に取ったデータだが、縦軸に中学生の学力の総合成績、横軸に親の生活習慣を取る。例えば「子どもの頃を思い出してください。あなたの両親は、分からない言葉があったらすぐ調べる人でしたか」というように。右端の「とてもよく調べていた」から左に行くにしたがって「よく調べていた」「まあ調べていた」「あまり調べなかった」「ほとんど調べなかった」「全然調べなかった」「辞書そのものがなかった」という感じで項目が並んでいる。子どもたちの答えと成績を点描してみると、例外的な子もいなくはないけれど、まあ見事に右肩上がりのグラフになった。つまり、**どんな塾に行くかとか、どんなドリルをやるかということ以上に、親の「知らない言葉をすぐに調べる」というような行動習慣こそが、子どもの成績に大きな影響を与えた**というデータを私が紹介したのです。するとこの話の途中で彼の目が輝き始め、終わるやいなや、こう切り出されました。

「実は、スポーツ界全体として『コーチのあり方』が、変わってきているんですよ。これまでは、走りなり球の扱いなりの『豊富な専門知識』があることがコーチの必要条件であり、教えたり激励したりという選手への働きかけが、コーチの仕事でした。ところが、科学的な検証などによって、『コーチの生き方や態度』が、選手へより良い影響を与えることが分かってきたんです。例えば『**コーチ自身が学び続けていること**』とか『質問されて分からないことは分からないと言える正直さ』などです」と。

これはすこぶる面白い話でした。誰かに良い影響を与えたければ、まず自分の行動を良くすることを考えよ、ということ。この点で連想することはたくさんあります。例えば、僕がした成功者へのインタビューでも、一定の割合でいたのが、「頑張っていた親」を語る方々です。

僕も、戦後の貧しい時代に中卒で准看護師となり、医師の父と結婚した母が、高校卒業の資格を取るために、家事の合間や、スクーリングで熊本市に向かう汽車の中でひたすらテキストをにらんで勉強している姿を見て、勉強って大事なんだなと染み込んだ記憶があります。

また、僕が師と仰ぐ幼児教育の大家は、良い先生とは「成長し続ける人」だとよくおっしゃっていました。20年前は分かった気になっていましたが、今一定の経験をして思い返すと、煎じ詰めた濃厚な真理を教えてくださったのだと分かります。

日々見識を深め、気づき、学び、感動して、成長し続ける大人でありたいものです。

他人に頼ると、思考停止になる

大雪の日のことです。仕事で遅くなり、車で帰ろうとすると駐車場にはすでに20センチ以上の雪が降り積もっています。スタッドレスタイヤとはいえ、祈る気持ちでアクセルを踏むと、キュキュッという音とともに何とか発進できたのですが、駐車場の出口のちょっとした段差のところで停止。左後輪が空回り状態になってしまいました。

この時点で深夜零時過ぎ。会社は真横なので、自分の身の安全だけで言えば何とかなりますが、全員帰宅しているので応援は頼めず、車は動かせない。困ったなと立ち尽くしているところに、中学生くらいの男の子とお父さんが、親子で大雪の記念写真を撮りながら歩いてきました。事情を言うと、快く「良いですよ！」と応じてくれ、車を前から押したり後ろから押したりしてくれました。しかしピクリとも動かない。

3人で途方に暮れていると、身長が180センチ以上ある胸板の厚いガッシリとした中年男性が通りかかったので、助けを求めると「分かりました」と加勢してくれました。外見のたくましさもありますが、穏やかなその物言いにも説得力と頼もしさを感じました。しばらく前後から押してもらってもダメ。すると彼は「毛布か何かがあれば行けるんだが」と一言。僕はすぐに社屋に入って、自分用の膝掛け毛布を持ってきました。太い指の手で受け取ると、彼は「ここにこうやって……」とタイヤの下に押し込んでくれました。

ところが、何度やっても結局毛布を巻き込むだけで車体は動きやしません。その男性が手伝い始めてくれてからでも30分以上は経っていましたし、申し訳ないなと感じていたら、「これはJAFしかないですね」と彼が言いました。

そこで僕からお礼を言って、二組はそれぞれの方向に去っていったのですが、ここで考えました。これからJAFを呼ぶとなると、出動要請が爆発状態の今夜、どう短く見積もっても7・8時間待ちであろう。朝だ。困ったな、まあ仕方ないか、いや待て待て、もう一度集中して考えてみよう……。

静かに降り積もる雪の中、僕は考えました。毛布を巻き込むということは毛布とタイヤはかみ合っているということ。毛布と雪の接地面が滑るということは、そうだ、降り始めの今なら、雪を何とか削って掻き出して、毛布とアスファルトの地面が接するようにすればいいのではないか。

それから、シャベルで必死に掻き出すこと10分。何とか出てきた地面とタイヤの間に毛布をかませ、アクセルを踏むと、見事に動き出したのでした。ある程度踏みしめられた道路を、タイヤは何とか持ちこたえて走り、帰宅できました。

ここで僕がつくづく思ったのは、なぜ最初から自分で必死に考えなかったのかということです。本来自分の頭で考えて対策を講じ、手伝ってもらえる部分を「こうしてほしい」と指示するタイプなのに、大雪の中で心細くなっていたところに、屈強で頼もしげな人物が登場したことで、心が「お任せ」の状態になってしまった。そのとたんに自分の頭で考えることをやめてしまっていたのでした。

一人の人間の中に起こるこの事実が示すのは、**誰もがいつでも思考をやめてしまう**

ことがあるし、逆に考え抜くこともできるということです。ちょうどこの夜、僕がインタビューした方が「明日は某大企業で社員研修の講演を頼まれていて、大勢の前で話すのだ」というので、テーマを伺うと、「『ジブンゴトとして考える社員になれ』ということです」とおっしゃいました。自分ごと。まさにこの夜の僕です。

これからのリーダーを育てるプロジェクトを推進している株式会社プロノバの代表岡島悦子さんが、社内で人を育てるためには研修より機会を与えよ、なるべく若いうちに「修羅場を経験させる」こと、「打席に立たせる」ことが大事なのだと話されていました。**すべて背負って「自分がやるしかない」となった中での経験こそが、成長をもたらすということ**でしょうし、きっと大企業病と呼ばれるものの芯《しん》に「人に頼って自分の頭を働かせていない」という状態があるのでしょう。

翻って、子育てほどこの視点が大事な場はありません。

長い間多くの子の成長を見守ってきましたが、いつも「〇〇しなさい！」と親側が指示していた子や、甘やかしすぎで、子どもが困った表情で見上げながら目で訴えると、すぐに察してやってあげる保護者に育てられた子より、**自分で決めて、主体的に行動していた子の方が、たくましく育っている**と実感しています。

例えば**いたずらという「仕掛ける側」の行動が好きだった子は、学習面でもあと伸びしているし、その後の人生を満喫している**なと感じます。僕がいつも言っている「没頭する何かがある子は、将来強い」というのも、要は「自分がやりたいからやっている」ところに価値があります。

ルソーが「母親としての配慮を怠りはしないが、極端に気をつかう女性」について、「そういう女性は子どもを大事にしすぎて、弱さを感じさせないようにするためにますます弱くする。（中略）弱い子ども時代をいつまでも続けさせて大人になったときに苦労させるのは、どんなに残酷な心づかいであるかを考えないのだ」※と言っています。転ばぬ先の杖の親心は、痛いほど分かるけれど、長い目で見ると生きる力を弱めてしまいます。

本人が意思を持ってのめり込むことを存分にさせ、その中で「失敗しても見守る」くらいが、ベストの子育てなのでしょう。

かつて子育て名人だなと僕が思ったあるお母さんは、例えば子どもが「中山君と喧嘩した」と報告すると、「中山君と喧嘩したんだ。じゃあ、どうする？」と、何事も本人に方針や対策を考えさせることを習慣にしていました。主体性を育てるという意味で、参考になるのではないでしょうか。

※出典：『エミール』（岩波書店）

しつけは、「真実」ではなく、「信念」

先日、ある会合でのことです。社会的にはまばゆいほどの大活躍をしている一人の紳士から、相談を受けました。

「妻の家が、しつけのためなら叩いても良いという方針なんですよ。子育ては妻の基準に任せているのですが、私は『わが子に手を上げるということは絶対してはいけない』という両親に育てられていて、実際一度も叩かれたことがないので、どうしても気になるんですよね」

しつけというと、分かっている気になりますが、いざ親になり、思い通りになど決してならない子育てのただ中に放り込まれると、どうするのが良いのか迷ってしまう方も多いものです。仕事では破格のパフォーマンスを発揮している方でも、子育てにおいては皆と同じように悩んでいるのです。

「三つ子の魂百まで」ではないですが、**小学校3年生くらいまでに形成される人格の基礎は本当に重要で、その要諦は「愛としつけ」**と言えるでしょう。どちらも聞きなれた言葉ですが、案外奥は深いものです。

愛とは親や祖父母から受ける愛情のことで、「私は愛されているなあ」と感じられること。煎じ詰めれば、「親（特に母親）のまなざし」と、「スキンシップ」に尽きるでしょう。

まなざしの差は、子どもからすると火を見るよりも明らかです。言葉ではどんなに「同じくらい大切よ」と言われても「私と弟を見る目が違うじゃないか」と思ってしまうもの。小さい方を可愛いと感じ、少し優しいまなざしで見つめてしまうのは自然なことです。しかしだからこそ、寂しく感じている側の子にも一対一の時間をきちんと作って、膝に乗せ手を握り、ぬくもりを感じる「動物として落ち着く行動」を取ってあげることが効きます。先般ある企業で行った講演会の感想でも、「帰宅するときょうだい喧嘩をして怒られた兄が癇癪《かんしゃく》を起こして号泣していましたが、先生の話を思い出して動物のようなスキンシップを取ってみたところ、みるみる気持ちが落ち着いて、残していた宿題を始めることができました」とありました。

この年代は、自分からすり寄ってきてくれますから、基本はそれを拒絶せず、**しっかり抱っこしてゴニョゴニョ遊びに付き合い、気持ちを受け止めてあげればよいのです。**

しかし、例えば三人以上きょうだいがいる家の二番目で、「この子は手がかからないんです」「お利口ね」というポジションを得た子は、実はきょうだいを押しのけて奪い合うのが自然である親とのスキンシップが不足しがちなのです。関西で行った講演会の感想にも「二番目の子はまさに手のかからない良い子と思い込んで育てたのですが、成人した今、上下のきょうだいと違って人間関係に自信のない大人に育ちました」とありました。どうでしょう。子育ては甘くないなあと、思い当たる部分もあるのではないでしょうか。

しつけとなるとさらに難しい。一つは、それが**「真実」ではなく「信念」だということ**です。例えばたいていの親にとって「毎日早起きすべきだ」という方針は、正しいものに感じられるでしょう。しかしそう言われたある小学校3年生の男の子が、実際に親に返した言葉は「なんで？　隣のコンビニのおじちゃんは、朝寝て夕方に起きているよ」というもの。その反論に、どう答えますか。

「挨拶は大事」「嘘をついてはいけない」「約束は守るべきだ」など一般に当たり前と思われるしつけの方針も、理屈だけで追求すると、人々が戦い生き抜いている現実の前には、脆い面もあるのです。

そこで必要なのは、これは「いつでも通じる真実」ではなく、**「あなたが生き抜くためには、必要なこと」だと信じてしつけること**です。そして、もともと幾ばくかの理不尽も含んでいるものだからこそ、**言い切ってあげることが大事**なのです。

さらにしつけにおいて重要なのは、両親が揃っている場合、**二人の方針が一致していること**です。**しつけこそ、お互いの「常識や文化」のぶつかり合いですから、対立**

すると譲れなくて決定的な亀裂になることもありえます。昔のように仲裁役または緩衝役としてのご近所さんの存在がなくなった中で、夫婦がうまく気持ちを共有することは、最初に書いたお父さんのように、案外難しいのです。

僕が思うのは、「たとえ意見が違っても、ぶつかり合っているうちは花ですよ」ということです。上の子が3・4歳という時代から、大学生・社会人になるまでの家族の様子を、庭の樹木のように真横からたくさん眺めてきた経験からすると、「あの人に言っても無駄」という**話し合いを拒絶する姿勢は、たいてい言っている本人の不幸で終わります。**

思いはぶつけた方がいい。ぶつけて一生懸命気持ちを伝えて、それでも伝わらないこともある。結果、離れるという結論もあるでしょう。人間ですから。ただ、その別れの後味は最悪ではないし、別居しても協力できる部分はあります。しかし、交渉拒否という姿勢は、長い我慢だけで実りのない時間が過ぎ、結局は冷え冷えとした離別につながるのがオチです。

異性だからということもありますが、**根本的に育ちも家庭文化も異なる、元は他人である夫婦が一緒に暮らすときには、「お互いの気持ちを想像し、すり合わせていこう」という意思なくしては長続きしません。**特にしつけは、真実ではなく信念であり文化なのですから、**夫婦で決めるもの**です。わが子への思いは共有できるはずですから、まずはそこを基点に、しっかりと向き合って話し合うことが大切だと思います。

わが子を受け入れるということ

ある著名評論家が同性愛をカミングアウトしました。彼女が一番売れっ子だった10年前は、どこか無理して論破してくる感じが好きになれないと感じていましたが、その強烈な印象があるからこそ、今回のニュースには驚きがありました。

面白かったのは、自分の反応です。数十年前に、エルトン・ジョンが同様の告白をしたときには、彼の作る曲は最高に好きだったにもかかわらず「とても受け入れられないな」と思う自分がいました。しかし今、彼女の告白を聞いて「ああ、言えて良かったね」と素直に共感する自分がいました。これは僕個人の変化でもあり、時代の変容でもあるでしょう。色々な方々の地道な努力の積み重ねによって、我々の心・常識観が変わったということです。

この件を持ち出したのは、「**わが子がそうだったとしたら、受け入れられますか**」ということを考えてほしいからです。ネットの情報によると13人に一人は実はLGBTの可能性があるということです。クラスに2〜3人はいる勘定です。正確な数値はともかく、知らないだけで、多くの子は親を困らせたくなくて言うに言えないまま封印して生きているのです。

もう15年くらい前でしょうか、ある一人っ子の男の子のお母さんが僕の教室に突然いらっしゃいました。元教え子ではありましたが、その教室出身ではなかったので疑問に思ったのですが、そのお母さんは泣きはらした目をしていて、尋常ではない雰囲気でした。授業後に「どうしたんですか」と聞くと、高校2年生の息子が前の晩「お母さん、実は僕ゲイなんだ」と告げたというのです。続けて「嫌いになった？」と聞いてきたそうですが、ただもう絶句してしまったそうです。

「誰にも言えなくて」と号泣。「何が悪かったんでしょうか」「ゲームばっかりやらせたからでしょうか」と、わが子が病気になった原因を探すようなことばかり繰り返して、一言で言えば錯乱状態でした。しかし、毎週、毒素を排出するようにお話を聞いていて、3週間くらいすると、子のあるがままを受け入れようという気持ちに変化していくのでした。

多くの子育てを見ていると、振幅の差はあれど、このような局面はしばしば見られます。「**わが子がみんなと違う**」というときです。病気や障がいが見つかったとき、特別に何か（計算や文字の識別）ができないとわかったときなどなど。まず人は「受容」で苦しみます。「いや、健常なんだけど個性が強いだけ」と思い込もうとしたり、普通側にいるように自分を言いくるめようとしたり……。かく言う僕も、息子が脳性麻痺と判明したときには、「障害者手帳なんていらないよね」と妻に言っていたものです。

やがて「あるがままのわが子」を受け入れる時期は来るのですが、今度はマイノリティであるがゆえに、「適切な対応」に困ります。今はそれでもネットに情報があふれていますが、逆に「どれを信じればよいのか」と選別に困ってしまいます。やはり

専門性のある相談できる人を見つけ出すのが最良の道でしょう。

そして最後に、「他人に言うかどうか」という選択を迫られます。僕の息子の場合は明らかな肢体不自由でもあったので、そのままを受け入れてもらうしかなく、幸い最高の幼稚園に出会えたこともあって（何と息子を好きになってくれる女子が登場したのです）、本人も親も自信を持つことができ、健常の子たちと寝泊まりするサマースクールにも、毎年行き続けていられます。

かつては左利きですら、他人には言えないことだったと聞くと今の若い人は驚くでしょう。昔はこっそり親が矯正して本人にすら気づかせないようにしていたのです。つまり、左利きは「普通でない」とみなされていたのです。

「普通」は所詮、心に描く幻想。一億人の心の全体である「心模様」は、真実ではなく天気のように変化するものです。**封印したりせず、あるがままの自分を伝えられる子**が増えるといいですね。

4章

「心が満たされる体験」を積む

計算は速いが、応用問題はお手上げ

予備校で、大学受験を目指す高校生を指導している頃でした。どうしても伸びない子に、ある類型があることに気づきました。

・指示すれば何でも素直にやるが「自分はこれがやりたい」という意欲・意思が感じられない

・計算は速いが、ちょっとした応用・考える問題になると思考が停止してしまう

こういうタイプの子は、きょうだいで言えばどちらかというと長子が多かったのですが、要領の良い弟妹との比較の中で保護者にダメ扱いされた経験を持っていました。また、お稽古事を無理矢理やらされていたという点でも共通していました。

このまま大人になって、彼らは自立して生きていけるのかと、彼らに対して僕は不安さえ感じたのです。

その後、幼稚園児から大学院生まですべての学年の子どもを指導する経験を通して、いわゆる**学習に対する意欲や態度・集中度合いは、小学校低学年時代までに形成される**という確信を得ました。そこで1993年に、思考力・国語力を中心に、学ぶ意欲を伸ばす低学年向け教室を開きました。これが現在の花まる学習会です。当時は、機械的な計算力指導をもって幼児の学習指導とうたう塾が人気で、そのアンチテーゼとして、世に打って出ようという熱い思いもありました。

小学校3年生までは、群れの中だからこそやる気が出るという幼児の本質を見すえ、競争やゲーム性などを積極的に取り入れ**「学ぶ楽しさ」を育む**ことにしました。

4年生以降は、じっくり考える本格的な思考問題を中心に、語彙などを増やすための知識ノート、できなかった問題をそのままにしないことを目的とした宿題ノートの作り方など、**「学習の仕方」を身につける**ことに重点を置いた指導をすることにしました。

思考力・作文・文章問題といった、教えるのに手のかかる分野こそを扱いながら、学ぶ楽しさ、考える面白さ、大自然の不思議を伝え、**子ども達がそれらの喜びをバネに学習の良き習慣と正しい学習の仕方を身につけていく**こと。それを花まる学習会の目指すところとしたのです。

小さい子どもは落ち着きがない生き物です。

花まるでは「静かに」「じっとしなさい」という言葉を子ども達に使いません。幼児は、大人とはまったく違う生き物です。例えて言うなら、カエルとおたまじゃくしくらいの差です。5歳のわが子に向かって「もう、何回言ったら分かるのよ！」とキレる光景や、「うちの子本当に落ち着きがなくって」という相談はよくありますが、それは「なんでお母さんみたいに、陸に上がってピョンピョン飛べないの」とおたまじゃくしに言うのと同じこと。本当に意味がない話なのです。

子どもとは、「やかましい」「落ち着きがない」「計画性がない」「反省しない」生き

物。彼らは過去の経験がないので、未来は見通せませんから、反省はしませんし、計画も立てません。

また幼児の心臓は、身体の大きさに比べて小さく、拍動だけでは脳まで血流を十分に送ることができません。手足を動かすことでポンプの役割を果たして、懸命に脳に酸素を送り出そうとしているのです。つまり、**幼児に「静かに黙って」などと言うと、彼らは眠たくて仕方がなくなる**ものなのです。

花まる学習会の授業スタイルはそんな幼児の特性を活かした授業を行っています。みんなで一斉に大きな声で発声するから四字熟語もあっという間に覚えてしまいます。みんなで身体を動かして「イェイ！」「できたー！」と声を出すから楽しい。新しいことが大好きで、次々とチャレンジする意欲の芽を持つ子ども達に、「勉強するって楽しいな！　好きだな！」と思える授業を、僕達花まる学習会は常に提供し続けています。

友達から認められた体験が子どもを育てる

弊社の主催する「花まる野外体験」は「生きる力」を育むスクールとして、設立当初から続けている人気企画で、毎回大勢の参加者で賑わっています。子どもがあまりにも楽しそうなので、親子で参加する企画も欲しいという声があがり、親子企画も誕生しました。今では夏だけでなく、年間を通して様々な企画を楽しんでいただいています。

4月～5月
「親子海釣り王国」　1泊2日　親子で釣り体験。他の家族とも交流
「親子サムライ合戦」　日帰り　大人も子どもも本気を見せ、他の家族とも交流
7月～8月
「サマースクール」　1泊2日～1週間　子ども達だけで合宿生活。川遊びや魚の手

づかみ、秘密基地作り、サバイバルキャンプなどを通し、仲間の大切さ、自然の厳しさや多様さを体験。友達を作り、疑似きょうだいを体験し、もめ事を通して心の折り合いをつけることを学ぶ。すべて自分で行うので、生活力の向上にもつながる

9月〜10月

「親子サムライ合戦」 日帰り 春のサムライ合戦のリベンジに燃える、戦国時代さながらの合戦。サマースクールで成長した子ども達を実感することもできる

12月〜1月

「年末年始雪国スクール」 2泊3日または3泊4日 廃校に宿泊し、校庭で雪遊び。親子で雪像作りや他家族との雪合戦、スキーも楽しめる

3月〜4月

「親子モリもり王国&3月の雪国スクール」 2泊3日または3泊4日 親子で火おこしやカレー作り、雪遊び、スキー。新学年に向けて「挑戦」「没頭」「追究」がテーマ

この中でもやはり「サマースクール」は別格で、この体験をしたことによる、子ど

も達の成長は目を見張るものがあります。なぜそこまで子ども達を成長させるかというと、いくつかの仕掛けをしているのです。親元から離れて長期間、大自然の中で様々な体験をしながら、自分のことは自分で管理して寝起きするのですが、一番の特徴は友達同士、きょうだいの参加を認めていないことです。初日には誰も知った顔がなく、しかも異学年構成で生活をともにしてもらいます。これがとても大事で**絶対にドラマが起こる。**はじめはみんな緊張して遠慮もしているのだけれども、**ちょっと変わった子どもがいるとグループの足並みが乱れてぐちゃぐちゃになってくる。そこがいいのです。世の中にはそんなことはいくらでもあるわけで、そういう体験ができることが大切**なのです。

あるときのサマースクールでのこと。その子は後から分かったのですが、ＡＤＨＤの子でした。いわゆる言うことを聞かない子として存在していたのです。何か不都合なことが起こるとすぐにキレる。例えば、自分が横入りしたくせに、友達に注意されるとすぐキレて、騒ぎ出し、それをなだめるのがまた大変で、親も先生も手を焼いていました。みんな初めて会った子ばかりですから、先入観はないので、普通に接していたのですが、時々、いつも通りに騒いで、みんなに変な子だなあと思われ始めてきました。ところが、みんなで野球をやろうということになり、彼がピッチャーとなって球を投げると、これが速い！　するとそれを見た子ども達が「スゲーー！」となって、それまでバカにしていたのが、彼を認め出したのです。ほめられると彼も嬉しい。得意になって球を投げていました。

学校というところは、毎日同じメンツで過ごすので、一旦この子はこういう子だと決められるとなかなかそれが変わらない。ところが、この場合は、たまたま初日に野球をやったことで、周りの子の心も変わったし、認められて彼自身の心にも変革が起こったということなのです。その夜のことでした。その子が僕のところに来てこう言いました。

「僕、言わなかったけどADHDなんだよ。こっそりお薬飲んでて、お母さんは言うなって言ったんだけど」

「そうなんだ、今日、野球すごかったね。ほめられて嬉しかっただろ」

と僕が言うと、本当に嬉しそうにしていました。**その子にとっては、初めて友達と通じた、認められた体験だった**のかもしれません。この世界ならいいなと感じたのかもしれないのです。

というのもその翌日、今度はみんなで虫捕りに行きました。カブトムシもクワガタもなかなか捕れず、結局その子のグループは8人で3匹しか捕れなかったのですが、そのうち、その子が2匹捕っていました。すると、それをどうするかという問題が起きたのです。もちろん、その子は「これは全部僕が捕ったから僕んだ!! 絶対僕の」と主張しました。すると、年下の子どもが泣き出し、周りの子はあげろよと言ってくる。これまでだったら絶対にあげないはずのタイプの子だったのですが、僕ちょっと考えてくるわと、一人で部屋に入って、しばらくして出てくると、「いいよ、あげる」と言ってその虫を小さい子にあげたのです。

心が満ちると優しくなれるのです。一種の化学反応で、**新しい世界を作ってあげることで今までなかった良い物が出てくる。**このような成功体験を子ども達みんなに与えてあげたいものです。

年下の世話をする経験で、優しさを覚える

一人っ子や末っ子にとって、誰かの世話をしてあげるという体験はとても大事です。サマースクールで同じグループになった小さい子の世話をして、その子達に喜ばれる体験を通して、優しい気持ちを持てる自分に満足します。逆に家ではお兄ちゃんお姉ちゃんだった子は、甘え下手になりがちなので、サマースクールでは年上のお兄ちゃん、お姉ちゃん達が、みんなで自分を世話してくれ、かまってくれてすっごく嬉しかったと言う子も数多くいます。

昔のガキ大将システムというのが良かったのは、近所の子ども達が学年を超えて外遊びをし、6年生がガキ大将として君臨していた。それでも翌年には代替わりがあって、大将は順に経験することができたのです。年上の子は下の子の面倒を見、遊びの中でも小さい子には特別ルールを作って一緒に遊んだ。小さい子は年上の子に憧れ、

自分も6年生になったらああなろうと思って育っていったのです。それが今は、3年生は3年生だけで遊ぶようになってしまった。その遊びも男子は男子だけしかも家の中でのゲームがメインだったりする。そしてそのまま中3までいってしまう。そうなると、集団の中の役割もほぼ決まってしまい、自分の殻を破るきっかけがないまま過ごすことになってしまいます。

そんな**閉塞した世界から飛び出す体験ができるのが野外スクール**です。新しい仲間の一員となり、そこで何かがきっかけでほめられ、伸びる子がいます。自信をちょっと持っただけで全然違うのです。

あるサマースクールでのこと。それまで図鑑ばかり見ていた子で、特に星にものすごく詳しい子がいました。ところが友達らしい友達は6年間いませんでした。

お天気が良かったので、夜、みんなで星を見に行きました。僕が夜空を指さしてあれが夏の大三角だ、あれがアンタレスだと説明していると、ある子があれは？　と聞いてきました。とても明るい星だったのですが、僕が思い出せないでいると、

「ああ、あれはアルクトゥルスですよ、先生。北斗七星の柄のカーブをたどっていったところにあるし」

と。

「ああ、そうだね、確かにアルクトゥルスだね」

と僕が言ったとたん、そこにいた子ども達が「おおーー!!」と感嘆の声をあげたのです。ここで、僕はベタぼめはせずに、高濱先生が分からなかった星を○○君が教えてくれたとみんなに伝えると、益々「すごーい!」となって、大拍手。

翌日から彼のあだ名は「博士」。子ども達は彼を取り囲んで、「博士、この花の名前はなんですか?」とか、「博士、この虫は何ですか?」と聞きにくる。女の子も「あの人よあの人よ」とニコニコして噂話をする。**ポジションが上がった瞬間です。こういう体験が大きな自信になる**のです。**子どもの世界で子ども同士で認められることがいかに大切か**ということです。

それまで誰にも認められないで、自信をなくしていた子を変えるにはどうするか、自信を持ってもらうにはどうするかというと、新しい環境に放り込むしかない。そして生活をともにすること。子どもは、君達は3班だよというと、3班をすぐに大好きになってくれる生き物です。班のメンバーとは必ずみんなで仲良くなろうとする、まとまろうとするのです。これは、まったく知らない同士だからすごく仲良くなれるのです。たまには学区の違う10学校くらいがまとまって、こんな仕掛けをすると面白いと思います。その中で学ぶこと、変われることがたくさんあるのです。

さて、ある年、また問題児がやってきました。なぜそんなに悪態ばかりつくのかというくらい、つっかかってばかり。それでも毎年サマースクールに参加していて、彼が5年生のときのことでした。一緒の班になった6年生の男の子が大変な人格者だったのです。根っからのリーダーというか、リーダーとして生まれてきたような子で、班をすごくよくまとめていて、最終的に一番活躍した人に贈られるMVPを取りました。

その翌年、あの問題児は6年生になり、また同じコースに来たのです。そして、◯

○君は来ていないの？　と聞く。来てないよ、彼はもう中学生だもの、と言うと、その子に会いたくてそのコースに申し込んだと言うのです。完全に憧れをいだいていたのですね。かっこいい兄貴分への憧れ。
しかし、彼の態度は前回同様問題行動が多く、リーダー達を困らせていました。そこで彼を呼び、

「君は○○君に会いたくて来たんだよね、あの子は本当に素晴らしいリーダーだった。先生も覚えているよ。でもね、今度は君がその○○君のポジションなんだよ、リーダーなんだよ」

と言うと、

「えーー！　まじかよ」

と言っていたのですが、これが生まれ変わってしまった。どうなったかというと、リーダーになった彼は、**去年○○君がやったことと、まったく同じことをし始めた**のです。お楽しみ会の中身もまったく同じネタなら、班員へのほめ方も同じ。何から何まで憧れの先輩の行動をなぞったのです。そして、最後までちゃんとリーダーシップ

を取って、立派にやり遂げたのです。

最後のＭＶＰ発表のときには、同じ班の子分達が手を叩いてその子の名前を連呼したほど、班員からも慕われ、そして見事にＭＶＰを取ったのです。この出来事は、その後の彼の人生に大きく影響したに違いありません。

見えない真理をつかみ取り、言葉で表現する

ボクシングの村田諒太選手と、ある会合で親しく話す機会を得ました。もともとボクサーの中では異色の知性を感じる方だなとは思っていましたが、直接お話ししてみると、そう僕が感じた訳が分かりました。**彼が話す言葉は、他人の受け売りではなく、自分で感じ考え積み上げた言葉だった**のです。

例えば、何気ない子育ての話の中で、彼はボソッとこんな話をしました。

「そういえば、この間気づいたことがあるんですよ。息子を公園に連れていって遊ばせていたんですけど、ジャングルジムに登るのを見ていたら、面白いんですよね。あれ、まったく同じことの繰り返しじゃないですか。ところが、上に行くほどギクシャクして調子がおかしくなっていくんですよね」

つまり、落ちて怪我をしないかというような**雑念が入ることによって、簡単にでき**

ていた作業が、ある段階から自然にできなくなると。こういうことって誰しもありませんか、と言うのです。

つまり、人は筋力や運動神経の力で「できること」「できないこと」があるだけでなく、「心の壁」でできなくなることがある、という意味です。

たしかに人生、そんなことだらけです。

予選のときはやすやすと勝ち上がったのに、「これに勝てばチャンピオンだ」と意識したとたんにやられてしまう。甲子園出場などの目標を目前にして「あと一回守り切れば」と考えたとたんに恐れや不安で崩れてしまう……。子ども時代に限らず、一生つきまとう落とし穴です。

そういえば、こういうことがありました。僕が特任教授をしているIPUという大学は、教員養成に主眼を置いていて、スポーツ活動を大切にしている大学なのですが、野球で全国大会に行って、ダークホースながら、あれよあれよと勝ち進み準優勝をしたのです。もちろん身内として応援していたのですが、あとで聞いてなるほどなと思ったのは、監督が勝ち上がりの途中でこう言ったのだそうです。

「実力では明らかに相手が上だけれど、向こうが（自分は天下の六大学の優勝チームなんだというような）カッコをつけてくれたら、勝つ可能性が生まれるからな」

一般に言う「守りに回ったらやられる」ということにも近いでしょうか。心の機微・人間学に精通した実力派監督で、だからこそ成果をつかみ取ることができたのでしょう。村田ジャングルジム理論そのものです。


さて、ここで僕が強調したいのは、まず村田選手の目です。誰もが知っているし経験したことのある「子どもが遊ぶ風景」を見て、大半の人はボンヤリ眺めているだけなのに、彼は**「ん？」と気づいて、見えない真理をつかみ取っています。こういう見えないものを見て取る力量を、子ども達につけてあげたい。**

さらに強調したいのは、彼の「言葉にする力」です。ジャングルジムの真実については、実は誰もが、「言われれば確かにそういうことは感じたことがある」のではないでしょうか。うっすらと気づくけれど、流れてしまって言葉という情報として血肉になっていかない。これが普通です。それを、**つかみ取り、言葉にして、自分の宝石として貯めていく。**これは後天的な訓練で可能です。

いささか手前味噌《みそ》になりますが、僕はこのことに前から注目していて、社員教育の主柱として「言語化訓練」を導入しています。授業という躍動し、たくさんの心が動く現場には、「ん?」が必ずあふれている。授業をこなすだけではなく、必ずそれをつかみ取ってきて日報に書きとめておこう。それが積み重なると、コラムが書ける。月に1回、自分の言葉をベースにしたコラムを書き上げることによって、他人を説得できる文章の力を手に入れられる。そして3年も経つと、他の誰とも違う講演会をできるようになる。それを一筋の明確なルートとして作り上げたのです。

今では200人近い社員のうち、30人以上が、単著・共著・ライターなど、形は違えど、本を書いて出版していて、まさにこの方針の成果です。

子ども達には、それ以前の土台である語彙力育成(花まる漢字テスト・言葉ノート・言葉1000など)はもちろん、毎週書く作文で「書き慣れること」、そして

「**『ほめられる文章』ではなく、『自分の心で感じたこと』を書ける力**」を、着々と育てています。この反復を土台に、ありふれたジャングルジムの風景から意味を感じ取り、言葉にできるような大人に育てたい。これが花まるの言葉力育成なのです。

若き才能との出会いに恵まれて

花まるグループの会社の一つ「花まるラボ」が作ったアプリ「**Think! Think!**（シンクシンク）」が、**《Google Play Awards 2017》のＫｉｄｓ部門ファイナリスト５作品の一つに選出**されました。この賞は、この1年以内に発表された、全世界のAndroidアプリの中から、「品質性や革新性」などの基準で選ばれるのだそうです。

他の候補作が「ポケモンＧＯ」など、人手も金も広告もかけた超大手企業のエンターテインメント作品であるのに対し、社員10人規模、それもできたばかりの会社が作った教育ソフトが選ばれたことは、奇跡的です。

「花まるラボ」は東大卒ばかりの若者の会社で、この精鋭チームを引っ張るのは、川島慶当時32歳。もともとは、問題作成のアルバイトとして花まる学習会にやってきました。その募集広告に掲示したのが、後に灘《なだ》中の入試問題として類似問題が出された

問題 下の図のPからQまで行く、
最短のルートは何通りありますか。

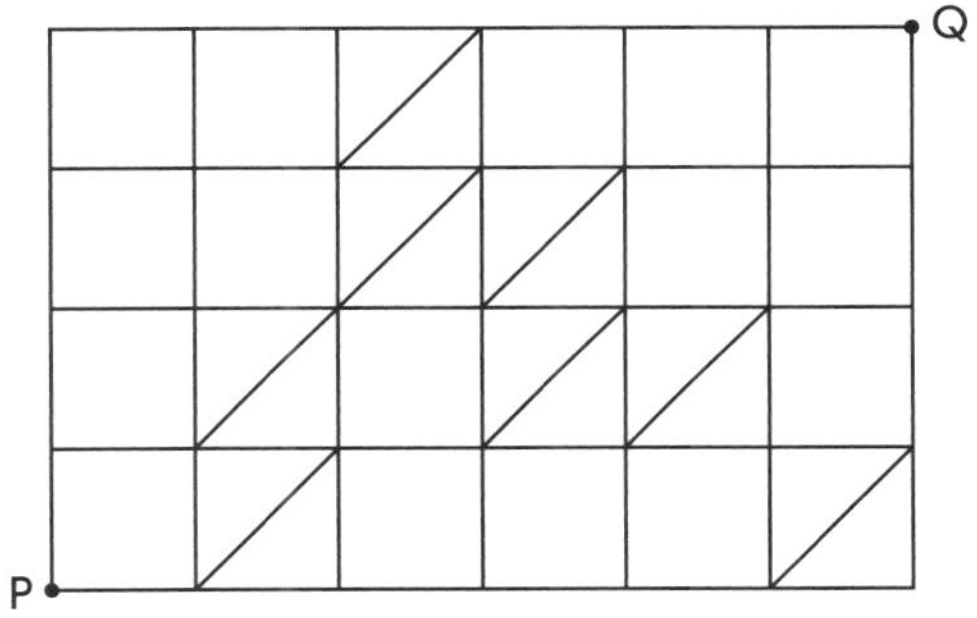

解答

角々に数値を書いていくことで解答を出すという、型にはまった受験技術では、突破できない問題です。

「場合の数」の最大ポイントは、基準設定力。この場合、「ななめルートが2回」が最短ルートの条件と発見した上で、「どのななめルートを組み合わせるか」が考え方の基準となります。

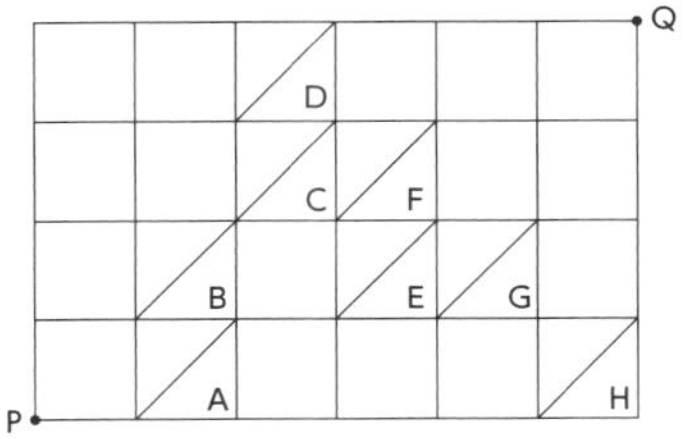

A—C　4通り
A—D　1通り
A—E　6通り
A—F　6通り
A—G　3通り
B—C　8通り
B—D　2通り
B—F　6通り

答え　36通り

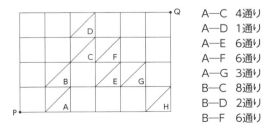

「斜めの道のある通路問題」でした。若くして見る目のあった彼は、この問題のオリジナリティに引き付けられ、こんな問題を作る会社なら面白そうと興味を持ったとのことです。

その後、僕の初めての著書『小3までに育てたい算数脳』を読んで感動し、熊本で行った第一回「高濱先生と行く修学旅行」に子ども達の世話をする班リーダーとして参加し、さらに感動したことがきっかけとなり、大企業の内定を蹴って正社員として花まるに入社してくれました。

彼の問題作成能力は、ずば抜けていて、ウェブマガジン連載の問題を作ってもらいました。最初は「なかなか良い問題だな」くらいだったのですが、次々と作る問題のテーマ設定やキャッチーさ、難しすぎないちょうど良い地点に落とすバランス感覚、どれもこれも傑出していました。ある程度優れた才能は何人も見てきましたが、こんなに飛び抜けた天才が、うちのような中小の会社に来てくれたことが、とても嬉しかったことをよく覚えています。

入社後も、泥臭い教室長の仕事を見事にこなす一方で、うちの屋台骨である「なぞぺー」の新作作成を担ってくれました。もう一人の素晴らしい仲間、平須賀信洋も加わって、僕ら3人で問題作りに励んだ「空間なぞぺー集中作成合宿」では、朝方遠くに見える新幹線を眺めながら、「向こうからこっちを見たらどう見える、っていう問題はどう?」と発案し、たちまち問題に仕上げたことなど、楽しい思い出もいっぱいです。

彼は、その一方で、恩師である栄光学園高校の井本陽久先生とともに、**国内の児童養護施設や海外の孤児院への学習支援を長年続けていました。**善意の言葉を発する人は大勢いますが、本当に行動し続けられる人はなかなかいません。その活動の中で、彼は**貧困格差以上の「意欲格差」の壁**を感じたのです。そして、「なぞぺー」を使ったときの子ども達の食いつきの良さが成功体験となり、「**世界中の意欲格差を解消す**

る」という大望を持って、「花まるラボ」を設立したのです。

大きな志と情熱あるところには、人が寄ってきます。桃太郎とサル・雉《きじ》・犬ではありませんが、大手コンサル・官庁・商社などから続々と、彼を支える仲間が集結してきました。着々と「Think! Think!」を作り上げる一方で、算数オリンピックの問題作成や、世界最大のオンライン算数大会「世界算数」の全問題作成など、エッジの効いた力を持っていることは実績として積み上げてもいました。

また「どこよりも早い中学入試解答速報」や「東大入試分析」「意欲格差の解消」といったウェブ上での発信も、NewsPicksなどで注目されていました。

しかし、それもこれも下積み時代と呼んでよいでしょう。素敵なパートナーは集まってきたし、オピニオンは素晴らしいけれども、究極の厳しさと言ってよいアプリでの戦いで勝ち抜いていく目途はなかなか立たないままでした。僕も彼らの将来は信じているけれど、どうなるのかなと見守ることしかできません。

そんな中、せっかく収入源となっているアプリの料金を、無償にしたいと相談してきたのです。まず**無償にして本当に世界に届くものにしたい**、食える形にするのはその次のステップにするとのことでした。おじさんの僕にはまったくない発想。彼らの運勢を信じて「やってみなされ」としか言えませんでした。

無償の発表をするや、たちまちダウンロード数が一ケタ上がり、国内アプリの中で目立つ位置に到達。そして創業3年目にしてノミネートとなったのでした。

それにしても、「計算の速さも大切だが、それ以上に思考力こそが重要で、それはこういう能力だ」と主張した「算数脳」「なぞぺー」の概念を、誰よりもよく分かってくれる青年が登場し、引き継ぎ、発展させ、仲間を巻き込み、あっという間に世界中に届けるアプリに仕上げ、Google Play Awardsで評価されるまで上り詰めてくれたことには、親心としての感動を味わいました。

僕の代は営々と種を植え失敗し、また種を植え、それも失敗し、ようやく芽が出て、苗にはしました。川島はその苗を、あっという間にけやきのように上に広がる樹木に育ててくれました。

若者達の世界への貢献と活躍を、これからも応援し続けたいと思います。

そして僕は、熱く語るそのお腹から、しばしばシャツがはみ出ている川島のような**トンガリを持った人間を育てる天才教育に、今とても興味を持っています**。彼らは子どもの頃、それぞれのツノを持っているばかりに、「普通」と合わせていくことに苦労しています。一般に言う特別支援教育は、Ｆｌｏｓで着々と積み上げてきましたが、これからは「正規分布曲線の右端の特別支援」も、やり残した一つの課題として、極めていきたいと思っています。

教育は芸術である

花まる学習会で仕事をしている若者達に対しては、僕は本人の主体的な行動を大事にしています。彼らが関心を持つことを大事にし、そこを育てています。そこで、結果的に色々なプロジェクトが立ち上がってきます。どれも新鮮でユニークな発想で、僕も刺激を受けますので、どんどんやりたいことがあったら言ってくれ、と皆に言っています。

この中に、「Atelier for KIDs（アトリエフォーキッズ）」を作ったＲＩＮという先生がいます。彼女は子どもが大好きで、教え方もうまい。根がアーチストでもあるのですが、あるとき、傷ついた心を持った子どもとの付き合いの中で、**言葉では表現できなくても絵や創作ならば自分を表現でき、状況が改善されるケースがある**ことを知ったのです。

お母さん達がよくする言葉かけに、子どもが描いた絵を見て「これ何を描いたの？」というものがあります。しかも、子どもの答えに、「えー、キリンはもっと首が長いでしょ」というように批評をする。これが一番いけない。子どもが言ってくることを受け入れればまだ良いのですが、「もっと上手に似せて描け」という価値観を無意識に押し付けてしまうのです。写真のように忠実に似せて描ける絵が良い絵ではありません。アートとはもっと自由なものです。

正解がないのがアートのいいところで、だからこそ、子どもの心を本当に自由にさせることができるのです。ＲＩＮは、そういう創作教室を作ったのです。

今の学校教育では図工や美術の授業で成績をつけています。しかし、本当にそれは必要なのでしょうか？　心から生き生きと取り組んでいることを評価するだけで十分なのではないでしょうか。アトリエフォーキッズでは子ども達が生き生きとアートを楽しみ、ありのままの自分を認めてもらえるという体験を積んでいます。

愛情と実力がある先生を発掘する

子ども達の学ぶ場で、最も大事なものは、ドリルでも文具でも照明でもなく、「良い先生」です。真に実力のある先生ならば、教科書もノートもない環境ですら、成果をあげられます。花まるグループとして大きな組織となった今、お子さんを預けてくださった**保護者の皆さんに対する僕の一番の責任は、愛情と実力ある良い先生を発掘し育てること**です。

採用には試行錯誤してきました。人としての芯の強さ、素直さ、耐性、学ぶ習慣、愛された経験、地頭、集中力、モレのなさ等々、様々な採用基準のテーマがある中でも、「感性」は極めて重要だなと思ってきました。

何に感動して、人生を何に賭けようと思っているのか。指導案の段取りに心を奪われず、目の前の子どもを感じることを大切にできるか。教師としての力量の違いは、結局感性の差だなと思うことが多かったからです。

感度の良い人をどう見分けるか。一番頼りにしているのは、面接で対したときの肌感覚・空気感ですが、一時期でも「芸術にかぶれたことのある人」は、先生として「当たり」の人が多いなと思ってきました。

若気の至りで、「俺は絶対音楽で食ってやる」と信じて過ごした青年や、特定のアーチストを深く愛している人、芝居小僧、作家志望など、彼らは感じやすい10代20代であるからこそ、生活設計や就職先より、特定の芸術に心を奪われてしまい、傍目には道を踏み外したように見えることもあります。

しかし実は、真っ暗になるまで遊びに熱中する子どもが子どもとして十全であるように、青年として極めて健全なのかもしれません。哲学や芸術に「はまってしまう」ことは、若い頃にあって良い、というよりあるべきことなのではないでしょうか。やがて結婚し子どもでも生まれれば、そんな酔狂なことは言っていられなくなりますし、成虫として飛翔する直前の、健やかな最後の成長段階とも言えます。

そこで、ある年から「夢社員」という枠を作りました。

勤務日数は週4でも週3でもいいし、早帰りも認める。芝居の発表などでまとまった休みが入っても、年間でカバーしてくれればよい。3年間限定で、好きな夢を追ってみなされ、という社員の仕組みです。もちろん給与は少し減りますが、社会保険などはつけます。これに対して、いやいや、芸の道を目指すならば退路を断つべきと信じる人はそうすればいいでしょうが、そうだとしてもいずれにせよ何かのバイトをやるのならば、この枠組みで生活が保障され、目指す道に邁進《まいしん》できるのならば悪くないよねという提案です。現在は10人近くの若者が、この枠組みで夢を追い求めています。

そんな中、花まる学習会は、東京都北区にある王子小劇場のネーミングライツを購入しました。２０１６年6月より劇場名が、「花まる学習会王子小劇場」になっています。これには、長い間の思いがあります。

一番目は、教育における演劇の可能性です。コンピュータがあらゆる仕事を奪ってしまったのちに残るのは、コンピュータにできないことであるとして、21世紀型学力という言い方で、コミュニケーション力やプレゼン力などが、よく語られています。知識の記憶や検索や計算はすべてコンピュータがしてしまう、ならば、人が人を魅了するような力こそが大事なのだと。それは概ね間違ってはいない方向でしょう。

しかし、ではわが子の、その力をどう育てるか。花まる学習会は、もともと社会的引きこもりの問題に注目して始まったこともあって、具体策があります。例えば、授業での大声での一斉発声。人とうまくやっていけない人の一つの特徴がボソボソしゃべりであり、それは個性と許してはいけないのです。言うべきときはキッパリ言い切れる基礎としての一斉発声なのです。

計算などの基盤力以上に、なぞぺーに代表される思考力育成に取り組んできたこともそうです。友達同士の申し込みなしの野外体験での遊び込みと共同生活は、人間力育成としての直球ど真ん中の策です。

しかし、やりたいなと思いながら手をつけられなかった課題もまだまだあって、一つが演劇を取り入れることでした。「相手の気持ちになって読みなさい」と言われてもピンと来ない子でも、**お芝居をさせれば、自然と「なりきる＝相手の立場になる」ことを体感**します。「モジモジしてないで、はっきり言いたいことを言いなさい」と言われても、気後れして変われなかった子も、何かの拍子にエチュードに集中できると、宝塚の男役のスターがやってみせるように、パンと前を向いてセリフを言えます。

演劇には、大きな可能性があるのです。いや、21世紀型学力が喧伝《けんでん》される今なら、**英語やプログラミングの前に、義務教育で演劇を取り入れるべきではないか**とすら思っています。

二番目は、良い先生を取るための戦略です。前述したような意味で、東京に浮遊する演劇青年の中には、実は教育に回ったら素晴らしい才能を発揮できる人が多いと確信に近く思っているのです。創立から一緒に支え合ってきた西郡学習道場の西郡文啓は、劇団東演の役者（鳳蘭《おおとりらん》さんとサシで芝居をしてテレビに出ていたこともあります）でしたし、歴代、演劇青年出身の社員は活躍しています。

テーブル講師の若者でも、「お、いいね！」と思うと芝居関係者であることは多く、つい先日も「なんだ、あなたは○○劇団でしたか」ということがありました。

懸案を一歩前進させることもできましたし、「子ども達にお芝居に触れさせる」「子ども達に演劇をやってもらう」「社員研修として、演劇をさらに有効に使う」「親の学校や、親子の学校としての演劇の可能性を模索する」など、色々な可能性が見えてきました。これからが楽しみです。

さて自分を振り返ってみると、野田秀樹の夢の遊眠社の大看板が駒場に掲げられた、学生演劇勃興の時代を共有したことや、古今亭志ん朝はじめ落語にはまってはまってかぶれた一時代を過ごせたことは、回り道でしたが、悪くなかったなと思えます。

答えは一つではありませんが、**これからの時代、人前でも堂々と語り、人の心をひきつけられる人に育てましょう。**

子どもの純粋な美しさに支えられて

現実の厳しさという意味で、驚くことがありました。「算数脳」という言葉の、登録商標を、ある塾が申請したというニュースが飛び込んできたのです。『小3までに育てたい算数脳』や『算数脳パズル　なぞぺー』シリーズよりだいぶ後に、「算数脳」をつけた本を出した会社があるとは聞いていましたが、まあちっちゃなことに難癖つけてもなあと、大目に見て見逃していたら、まさかのリアルジャイアン。「どけどけ。それ俺のだから！」と「横取り作戦」を敢行されたのです。「正直に生きなさい」と育てられた田舎っぺにとって、これは本当に驚きでした。そんな仕打ちを受けることがあるのだと。ボヤボヤしていると食われてしまう、生き馬の目を抜く社会からの洗礼でした。

結果はどうなったかというと、申請は、商標法第15条の2に基づいて特許庁から却下されたのでした。その理由書を、知り合いが手に入れてくれました。

「本願商標（算数脳）は、埼玉県さいたま市に本部のある学習塾花まる学習会代表で塾講師の高濱正伸氏が考案した『見える力』と『詰める力』のふたつからなる算数的なひらめき力を育てる教育論で、この教育論を自身の学習塾で実践し、これに関連する多数の著書も発行されている教育論の名称を表すもので、本願商標の登録出願前より、我が国の取引者・需要者の間において広く認識されていた著名な商標と認識されるものです」

正直者がバカを見ずに済みました。あらゆる分野のものすごい情報量の中で、的確に見ていただいた特許庁に感謝ですが、危うく今後「算数脳」を冠した本すら出せなくなるところでした。

さてさて、「どぎゃんかなるどたい」という大らかな熊本精神のおかげか、結局いつも誰かに助けられてこうやって生き延びてきたのですが、このような件は、まあ小ストレスではあります。そんなとき、**いつも子ども達の存在に助けられてきました。**

「授業に行くと、元気になれるよね」は、合言葉のように、いつも社員達の間で飛び交っています。

小学校1年生のR君。5月から、教室に入るたびに泣いています。入院した弟君の付き添いで、お母さんが離れた町の病院にずっと行っていることが根底にあるのは知っています。そのたびに「Rが、一生懸命、勉強を頑張るのが、一番お母さんを元気づけるのは知ってるよね」と言うと、泣きながらコクリ。授業が進むと元気に手を挙げるようになるのですが、他の子がママの送り迎えなのに、自分はおばあちゃんであることが、会えない寂しさを掻き立てるのでしょう。それにしてもいじらしいし可愛い。

そんなある日、そのお母さんとの面談がありました。夫は「兄であるRの前では泣いたりするな」と言うけれど、弟の今後が心配で仕方ないし、看病疲れもあったのでしょう、久しぶりにR君と一緒にお風呂に入ったとき、ついポロリと泣いてしまった。するとR君はその姿を見て「お母さん、可愛い弟を産んでくれてありがとう」と言ったのだそうです。何とか母を支えたい、幼い男の子のナイトぶり。こんなに**混じりけのない、純粋な美しさ**があるでしょうか。

こんな話を聞いたとき、僕はまた「よっしゃ、頑張るぞー!」と、快晴の心になれるのです。少し濁った現実世界を生き抜く力を得るのです。

本書は新たに書き起こしたものの他に、花まる学習会のサイトに連載していた高濱正伸のコラムから抜粋し、追記、修正を加えたもので構成されています。

〈著者プロフィール〉
高濱正伸（たかはま・まさのぶ）
1959年、熊本県人吉市生まれ。東京大学農学部卒、同大学院農学系研究科修士課程修了。算数オリンピック作問委員。2018年7月より、日本棋院理事。1993年、学習塾「花まる学習会」を設立。1995年、小学4年生から中学3年生を対象とした進学塾「スクールFC」を設立。会員数は2019年現在20000人を超す。障がい児の学習指導や青年期の引きこもりなどの相談も一貫して受け続け、現在は独立した専門のNPO法人「子育て応援隊むぎぐみ」を運営している。2015年4月より、佐賀県武雄市で官民一体型学校「武雄花まる学園」の運営にかかわり、市内の公立小学校全11校にその取組みが導入されることが決定した。「情熱大陸」「カンブリア宮殿」「ソロモン流」など、数多くのテレビメディアに紹介されて大反響。『学力がケタ違いにのびる算数脳の育て方』（小社）、『伸び続ける子が育つお母さんの習慣』（青春出版社）、『わが子を「メシが食える大人」に育てる』（廣済堂出版）、『算数脳パズルなぞペー』（草思社）など著書多数。経済メディア「NewsPicks」プロピッカーも務める。

花まるな人生
はみ出しても、回り道しても大丈夫！

2020年1月25日　第1刷発行

著　者　高濱正伸
発行人　見城 徹
編集人　福島広司
編集者　鈴木恵美

GENTOSHA

発行所　株式会社 幻冬舎
〒151-0051　東京都渋谷区千駄ヶ谷4-9-7

電話　03(5411)6211(編集)
03(5411)6222(営業)
振替　00120-8-767643
印刷・製本所　中央精版印刷株式会社

Printed in Japan
ISBN978-4-344-03563-8　C0095
幻冬舎ホームページアドレス　https://www.gentosha.co.jp/

この本に関するご意見・ご感想をメールでお寄せいただく場合は、
comment@gentosha.co.jpまで。